Heike Malisic, Beate Nordstrand

Body, Spirit, Soul

Ganzheitlich leichter leben

SCM

Stiftung Christliche Medien

SCM ist ein Imprint der SCM Verlagsgruppe, die zur Stiftung Christliche Medien gehört, einer gemeinnützigen Stiftung, die sich für die Förderung und Verbreitung christlicher Bücher, Zeitschriften, Filme und Musik einsetzt.

2. Auflage 2017

© der deutschen Ausgabe 2016
SCM-Verlag in der SCM Verlagsgruppe GmbH · Max-Eyth-Straße 41
71088 Holzgerlingen
Internet: www.scm-verlag.de · E-Mail: info@scm-verlag.de

Die Bibelverse sind, wenn nicht anders angegeben,
folgender Ausgabe entnommen:
Neues Leben. Die Bibel, © der deutschen Ausgabe 2002 und 2006
SCM R.Brockhaus in der SCM Verlagsgruppe GmbH Witten/Holzgerlingen

Umschlaggestaltung: Kathrin Spiegelberg, Weil im Schönbuch
Titelbild: Hintergrund: shutterstock.com
Satz: typoscript GmbH, Walddorfhäslach
Druck und Bindung: Finidr s. r. o.
Gedruckt in Tschechien
ISBN 978-3-7751-5698-1
Bestell-Nr. 395.698

INHALT

EINLEITUNG

Frauentag März 2014 in Appenweier bei Heike. Thema »Body, Spirit, Soul«. Ich, Beate, spreche über den Part »Body«, Karin Schmidt von der ICF-Gemeinde in Stuttgart über »Spirit« und Heike über »Soul«. Am Ende des Tages sind viele Frauen sehr bewegt.

Frauentag im November 2014 bei mir in Würzburg, gleiches Thema. Ich spreche über den Körper, Cornelia Kopping aus unserer Gemeinde »Lebendiges Wort« in Würzburg über den Geist und Heike über die Seele. Wieder sind viele Frauen sehr bewegt.

Januar 2015 in Holzgerlingen, gleiches Thema, bewegte Herzen. Springfestival in Willingen im Frühjahr 2015. Heike und ich geben ein paar Workshops zum Thema »Body, Spirit, Soul«.

»In welchem Buch können wir die ganzen Geschichten und Gedanken nachlesen, die ihr weitergebt?«, fragen die Zuhörer. Heike und ich schauen uns an und uns wird klar: Diese Geschichten, Erlebnisse und Gedanken sind der Inhalt unseres nächsten Buches. Für uns sind das nicht nur Geschichten. Es ist unsere Leidenschaft. Das ist es, was uns bei jedem Vortrag motiviert: Wir möchten weitergeben, wie wichtig ein ganzheitlicher Lebensstil ist. Denn Körper, Seele und Geist gehören zusammen.

Mit diesem Buch wollen wir keine fein säuberliche Abhandlung zum Thema »Körper, Seele und Geist« liefern, denn diese Bereiche sollten nie getrennt voneinander betrachtet werden. Es ist eher ein Lesebuch, in dem wir dich mit in unsere Geschichten hineinnehmen. In dem wir dich mit unseren Beispielen inspirieren, selber auf eine gute Ausgewogenheit zu achten.

Wir haben dieses Buch ganz bewusst in der Du-Form geschrieben. Heike und ich erzählen so viel von uns persönlich, da finden wir, dass das »Du« einfach besser passt als das förmliche »Sie«.

Wie bei unseren Vorträgen haben wir die Themen auch in diesem Buch unter uns aufgeteilt: Den ersten Teil »Body« hat Beate geschrieben, den zweiten Teil »Spirit« haben wir gemeinsam geschrieben und den dritten Teil, »Soul«, hat Heike geschrieben. Überall haben wir Beispiele aus unserem Leben eingefügt oder Beispiele von Frauen, die wir kennen. Die persönlichen Geschichten haben wir mit Namen gekennzeichnet, sodass du immer weißt, wer hier gerade »aus dem Nähkästchen plaudert«.

Natürlich ist dieses Buch aus der weiblichen Perspektive geschrieben. Trotzdem betrifft dieses Thema jeden. Darum: Liebe lesende Männer, wir wünschen auch euch viel Gewinn beim Lesen und wie wir euch kennen, ergänzt ihr das Buch in Gedanken mit euren eigenen Beispielen.

Und jetzt stellen wir uns vor, wie du dich mit dem Buch und einer schönen Tasse Tee oder Kaffee in deinen Lieblingssessel kuschelst, naja, die Männer setzen oder fläzen sich wohl eher, und wir dir unsere Geschichten erzählen.

Wir sind überzeugt, dass wir alle dieselbe große Lebensaufgabe bekommen haben, nämlich gut für uns zu sorgen! Aufzupassen, dass unser Leben gelingt. Du bist gerade mittendrin in deiner eigenen Geschichte. Und Gott möchte, dass deine Geschichte gut ausgeht.

Viel Spaß beim Lesen wünschen dir

Beate & Heike

Definition »Body – Spirit – Soul«

Body – Spirit – Soul?
Welche Bedeutung der Körper (Body) hat, ist den meisten ja klar. Aber was ist mit dem Geist (Spirit) gemeint? Und was ist die Seele (Soul)?
Dein **Geist** ist die eigentliche Person, die in dir wohnt. Er ist das, was dich ausmacht. Die Bibel nennt diesen Teil auch den verborgenen Menschen des Herzens. Das ist der Teil von dir, der mit Gott in Verbindung treten kann und der unsterblich ist.
Du hast eine **Seele**. Das ist der Sitz deines Willens, des Verstandes und deiner Gefühle. Auch deine Seele ist unsterblich.
Du wohnst in deinem **Körper**. Dein Körper ist vergänglich.

Body

Spirit

Soul

GANZHEITLICH GESCHAFFEN

Diana packt aus

Zusammen mit 30 Frauen aus unserer Gemeinde wollten wir ein schönes Freundinnen-Wochenende verbringen. Das Thema unseres Wochenendes war: »Wenn Frauen erkennen, was Gott über sie denkt, wird sie das für immer verändern.« Viele hatten einen Beitrag vorbereitet, in dem sie persönlich etwas berichten wollten. Gleich am ersten Tag war Diana dran, die wir schon eine gefühlte Ewigkeit kennen. Sie ist Anfang vierzig, verheiratet, hat zwei Kinder und wohnt mit ihrer Familie in einem schönen Haus. Wir lehnten uns gespannt zurück und ahnten noch nicht, was ihre Geschichte in uns auslösen würde.

Dianas Mutter war mit 18 Jahren zum zweiten Mal schwanger geworden und kam schon mit ihrem ersten Kind nicht zurecht. »Schon vom ersten Moment an wurde der Stempel *unerwünscht* auf meine millimeterkleine Stirn gedruckt«, erzählte Diana. »Die Großeltern entschieden damals für meine Mutter: Du fährst jetzt in die Schweiz und lässt *es* wegmachen.« 1970 war in der Schweiz Abtreibung erlaubt, in Deutschland noch nicht. Aber die junge Frau wurde wieder heimgeschickt. Der Grund: Die Schwangerschaft war schon zu weit fortgeschritten.

Nach ihrer Geburt wurde Diana von einem zum anderen gereicht: von weitläufigen Verwandten zu flüchtigen Bekannten. Alle Verwahrungsorte waren ihrer überforderten Mutter recht. Nach ein paar Monaten landete sie schließlich im Heim. Es hatte sich einfach keine schnelle Betreuung mehr für die kleine Diana finden lassen.

Wenn die Großeltern sich erkundigten, wurde geschwindelt. Irgendwann kauften sie der Mutter die Lügen aber nicht mehr ab und erfuhren, wo Diana wirklich war. Sie fuhren sofort ins Heim und holten sie zu sich. »Ich war ein knappes Jahr alt und von Kopf bis Fuß mit einem Hautausschlag übersät. Damals sagten sie, das wäre so was wie die Krätze. Später wurde dann Neurodermitis bei mir diagnostiziert. Auslöser dafür war das Verlassenwerden durch meine Mutter!«, berichtete Diana.

»Über 40 Jahre habe ich viele Probleme über die Haut ausgetragen. Von Wasser- über Eiterpusteln und tiefen Hautrissen bis zu geschwollenen und blutig gekratzten Händen. Ich habe auch eine wochenlange stationäre Behandlung auf mich genommen, viele Schmerztränen in meine Kissen geweint und einen ganzen Sack voll Geld in alternativmedizinische Behandlungsmethoden gesteckt. Alles ohne bleibenden Erfolg«, fasste sie den Bericht aus ihrer Vergangenheit zusammen.

Wir hatten Diana bis dahin nur als toughe Frau mit einer Riesenportion Kreativität gekannt und waren schockiert. Wie ihre Geschichte weiterging, erfährst du auf Seite 213 ff. im Kapitel »Eine Freundschaft kann Leben retten«.

Aber ihre Geschichte macht schon an dieser Stelle deutlich, wie sehr Körper und Seele miteinander verbunden sind: Was Dianas Haut heilte, war keine neue Salbe, sondern Vergebung.

»Letztes Jahr waren wir mit Freunden aus der Gemeinde zum Essen eingeladen. Meine Hände sahen zu dieser Zeit wieder mal echt heftig aus. Mein Mann fragte in die Runde, ob wir mal für meine Hände beten könnten, weil selbst Kortison nicht so recht half.« Die Freunde beteten zusammen für Diana und dann fragte einer: »Was ist eigentlich mit deiner Mutter? Hast du Kontakt zu ihr? Wie ist euer Verhältnis?« Diana erzählte, dass sie ihre Mutter seit über 30 Jahren nicht gesehen hatte. Spurlos verschwunden. Wo sie lebte? Keine Ahnung!

Also beteten sie auch noch dafür, dass Diana ihre Mutter ohne große Schwierigkeiten wiederfinden würde, wenn es an der Zeit sein sollte: nicht noch ein Stressfaktor.

Auf der Heimfahrt fiel Diana ein, dass ihre Mutter vor ca. 15–20 Jahren einen Brief an ihre Eltern, also Dianas Großeltern, geschickt hatte. »Ich wusste, dass Oma eine Kiste Dokumente hinterlassen hatte, und ließ mir die Adresse auf dem Brief durchgeben. Nach ein paar Telefonaten kam ich an eine Nummer, nahm allen Mut zusammen und rief an. Bingo! Sie war es! Beim ersten Anlauf gefunden.«

Leider war das erste Gespräch gar nicht so wie bei »Bitte melde Dich« oder »Vermisst«. Ihre Mutter wirkte kalt und erschrocken und fragte alle Formalitäten ab wie ein Roboter. Sie wunderte sich einfach nur, wie Diana an ihre Adresse gekommen war. »Ich heulte vor Enttäuschung und legte immer wieder mal kurz den Hörer ab. Ich hatte mir den Erstkontakt nach drei Jahrzehnten wirklich anders vorgestellt. Alle schlechten Erinnerungen an früher krochen in mir hoch. Aber ich betete für die Sache.«

Ein paar Wochen später war Diana beim Bügeln und sah eine Predigerin aus den USA im Fernsehen. Das Thema der Predigt war Vergebung, und dass Vergebung eine heilende Wirkung hat. »Ja, Gott, ist gut. Ich weiß, ich soll dranbleiben und nicht aufgeben«, dachte Diana. Wieder nahm sie allen Mut zusammen und rief zum zweiten Mal bei ihrer Mutter an. Diesmal war der Mann ihrer Mutter dran und der gab Diana unmissverständlich zu verstehen, dass sie diese Belästigungen sofort unterlassen sollte. Er fragte, was sie nach all den Jahren noch von ihr wollte! Ihre Mutter könne seit dem Anruf nachts nicht mehr schlafen. Und dann knallte er den Hörer auf die Gabel!

Gottes Antwort kam prompt: Schreib einen Brief. »Und dann schrieb ich mir alles von der Seele, ohne ein verurteilendes oder anklagendes Wort, und schickte ihn als persönliches Einschreiben ab. Ab da war das Eis gebrochen. Dieses Jahr vor Weihnachten war meine Mutter seit über 30 Jahren zum ersten Mal wieder in ihrer alten Heimat und bei uns zu Besuch.

Ich habe nach mehr als 30 Jahren meine Mutter wiedergefunden und ihr vergeben. Gott sagte ganz klar: Wenn du den Menschen vergibst, die dir echt wehgetan haben, dann werde ich auch deine Fehler vergeben und dich heilen. Und das hat er getan. Meine Neurodermitis ist seitdem viel besser geworden, fast verschwunden«, erinnerte sie sich.

Deine Lebensgeschichte ist vielleicht viel weniger dramatisch als die von Diana. Aber bestimmt werden dir beim Lesen dieses Buches noch mehr Zusammenhänge zwischen deinem Körper und deiner Seele bewusst. Manche Menschen reagieren mit körperlichen Symptomen, wenn ihre Seele unter Druck steht, aber es gibt ganz verschiedene Ventile.

Wir sind Körper, Seele und Geist gleichzeitig – und jeder Bereich wirkt sich auf den anderen aus. Du kannst deine Lebensgeschichte im Nachhinein nicht ändern. Aber du kannst Frieden mit deinem Körper schließen. Und mit dem, was er in der Vergangenheit schon mit dir erlebt hat. Vielleicht kannst du irgendwann den Sinn hinter allem sehen, was du heute noch nicht verstehst. Darum geht's in diesem Buch!

Lieber Freund, ich bete, dass es dir in jeder Hinsicht gut geht, und dass dein Körper so gesund ist, wie ich es von deiner Seele weiß.
3. Johannes 1,2

Wenn dein Körper reden könnte

Was glaubst du, würde dein Körper erzählen, wenn er deine Geschichte mal komplett aus seiner Sicht erzählen dürfte?

Es gab Ereignisse in deinem Leben, auf die dein Körper reagiert hat. Du und er – ihr habt eine gemeinsame Geschichte. Wenn dein Körper reden könnte, wäre er stolz auf dich.

Er würde auf deine Narben zeigen, für die du dich vielleicht schämst. Aber jede Narbe zeigt, dass du einen Angriff überstanden und dich davon erholt hast.

Meine Freundin Gabi hatte vor ein paar Jahren Brustkrebs. Inzwischen ist sie wieder ganz gesund. Allerdings hat sie von ihrer Brust-OP Narben zurückbehalten. Wenn ihr Körper reden könnte, würde er voller Stolz sagen, dass er alle Zerstörungsversuche erfolgreich abgeschmettert hat. Heute fährt sie bei fast jedem Wetter Fahrrad und genießt es, dass ihr Körper wieder stark und widerstandsfähig ist.

Wenn dein Körper reden könnte, würde er vielleicht auf deine angespannte Schulterpartie zeigen und erklären, wie gut er dich in gefährlichen und unangenehmen Situationen beschützt hat. Aber dich stört wahrscheinlich hauptsächlich, dass du nicht so locker bist, wie du dir das wünschst.

Dein Körper würde auf deine geballte Faust zeigen, die jederzeit bereit ist zu reagieren. Aber dich ärgert in erster Linie, dass du so schlecht entspannen kannst und nicht nur die Hände zusammenballst, sondern nachts auch die Zähne zusammenbeißt. Er hat dich gewissenhaft beschützt, dein Körper. Du konntest dich immer auf ihn verlassen.

> Es gab Ereignisse in deinem Leben, auf die dein Körper reagiert hat. Du und er – ihr habt eine gemeinsame Geschichte. Wenn dein Körper reden könnte, wäre er stolz auf dich.

15

Du verstehst nicht, warum du dir schon wieder eine Erkältung eingefangen hast. Dein Körper würde dir erklären, dass das im Moment die einzige Möglichkeit war, dein überhöhtes Tempo zu drosseln. Du bist oft zu schnell unterwegs, meine Liebe. Du brauchst Zeit zum Regenerieren.

Wenn dein Körper reden könnte, würde er voller Stolz auf deinen Beckenboden zeigen, der mehrere Schwangerschaften getragen hat. Dich wurmt in erster Linie deine schwache Blase.

Ist dir eigentlich klar, was dein Körper schon alles geleistet hat?

Du ärgerst dich über die schlaffe Haut an deinen Oberarmen und dass deine Muskeln nicht mehr so definiert sind wie früher. Wenn dein Körper reden könnte, würde er dich daran erinnern, dass diese Arme stark genug waren, deine Kinder herumzutragen, einen Kranken im Bett aufzusetzen, beim Gartenumgraben und Hausbau mitzuhelfen. Und dass sie fähig sind zu umarmen.

Dein Körper weiß nichts davon, dass ein durch Fitness definierter Bizeps im Tanktop vielleicht besser aussieht. Er denkt weniger an die Optik und mehr an die Effizienz. Und er ist stolz auf das, was er bisher geleistet hat.

Sein Fokus liegt nicht auf den paar Altersflecken auf deinem Handrücken oder darauf, wie gut du deine Fingernägel lackieren kannst. Er ist stolz auf deine Feinmotorik: darauf, dass deine Hände geschickt sind zum Basteln, zum Handarbeiten, Malen, oder um die Wohnung zu streichen. Und zum Streicheln. Wie oft hast du mit ihnen jemanden gestreichelt!

Dein Körper ist kein Ausstellungsstück, sondern Ausdrucksmittel für deine kostbare Seele und deinen Geist.

16

Und das Pölsterchen auf der Hüfte, der Stau am mittleren Ring, für den du dich so schämst, für den du deinen Körper sogar manchmal gehasst hast, den hatte er als Puffer für deine flatternden Nerven gedacht. Als eiserne Reserve für Notzeiten. Er hat deinen Stress gespürt und wollte vorbeugen. Ein bisschen Energie für dich bunkern.

Du siehst deine Problemzonen nach den Schwangerschaften. Dein Körper ist stolz auf seine Leistung. Jede Frau, die ein Kind geboren hat, sollte wissen: Du selber bist auch erstaunlich und wunderbar gemacht. Nicht nur dein Kind. Du auch.

Deine Schönheit steckt in dem, was dein Körper ausdrücken und hervorbringen kann. Du bist nicht reduziert auf eine coole Optik wie eine Schaufensterpuppe. Du bist lebendig!

Dankbarkeit bricht die Negativspirale

Kannst du deinem Körper dankbar sein für die Geschichte, die er bisher mit dir geschrieben hat?

Kannst du ihm dankbar für das sein, was er bis heute mit dir zusammen geleistet hat?

Kannst du dankbar zurückschauen, statt bestimmte Körperteile an dir zu hassen oder dich für sie zu schämen?

Deinen Körper zu hassen heißt, dich selbst zu hassen. Und das blockiert und lähmt!

Deinen Körper zu hassen heißt, dich selbst zu hassen. Und das blockiert und lähmt!

Dankbarkeit löst die Blockade

Manche Kämpfe, die du mit deinem Körper ausgefochten hast, haben Narben hinterlassen. Einige hatten sogar das Potenzial, dich aus dem Masterplan herauszubringen, den Gott schon vor deiner Geburt geschrieben hat. Gott bittet dich darum, dich mit der Geschichte deines Körpers zu versöhnen.

Wie wäre es, wenn heute ein neuer Prozess beginnt? Ein Prozess, in dem du dankbar feststellst, dass die Kämpfe mit deinem Körper ihren Sinn gehabt haben? In dem du erkennst, dass sogar deine Narben Sinn machen.

Könnte es sein, dass deine Erfahrungen später einmal für andere Menschen zu einer Hilfe und einem Segen werden?

DER ROTE FADEN

Irgendwann macht alles Sinn

Kannst du dir vorstellen, dass es in deinem Leben einen durchgehenden roten Faden gibt? Dass irgendwann mal alles, was du erlebt hast, Sinn macht? Ich habe das so erlebt und möchte euch gerne davon erzählen.

Im Gegensatz zu der dramatischen Kindheit von Diana bin ich gut behütet aufgewachsen: Ich hatte liebevolle Eltern, drei Geschwister und ich war als Sandwichkind mittendrin. Zum Sonntag gehörte der Kirchenbesuch und mein Vater spielte die Orgel und leitete den Kirchenchor. Ich durfte zum Kinderturnen, zum Flötenunterricht und kleine Defizite, wie meine Rechenschwäche, wurden großzügig übersehen. Wenn ich zurückschaue, hat mein Elternhaus mir eine Steilvorlage für ein leichtes Leben gegeben.

Und trotzdem: Mit 14 Jahren bekam ich Magersucht. Niemand konnte sich erklären, warum sie kam und warum sie wieder ging. Sie kam angeflogen und veränderte mein Leben für ziemlich genau ein Jahr. Oder, wenn ich darüber nachdenke, eigentlich für immer, denn dieses Jahr hat Spuren bei mir hinterlassen.

Magersucht ist eine Erkrankung, bei der die Gedanken dauernd um die Ernährung und ein möglichst niedriges Gewicht kreisen und die Körperwahrnehmung verzerrt ist. Ich fand mich auf jeden Fall viel zu dick.

Es war Winter, ich besuchte die Realschule und wurde immer dünner. Dauernd suchte ich neue Ausreden, um nicht an den gemeinsamen Mahlzeiten teilnehmen zu müssen. Niemand sollte mitkriegen, wie wenig ich aß. Ich war ständig durchgefroren und trank viel Kaffee. Für einen Teenager viel zu viel! Nach ein paar Monaten blieb sogar meine Regelblutung aus. Der gerade erst in Gang gekommene Zyklus war schon durcheinandergeraten.

Meine schulischen Leistungen waren in Ordnung, aber ich konnte diese Fixierung, so dünn wie möglich zu werden, einfach nicht brechen. Es kam nicht so weit, dass ich ärztliche Hilfe gebraucht hätte, denn plötzlich kam die Wende: Ich erinnere mich noch gut daran. Wir hatten Besuch. Es gab leckeres Essen und meine Cousine kam mit frisch belegten Laugenstangen auf mich zu und bot mir eine an: »Warum eigentlich nicht?«, dachte ich plötzlich. Und ab diesem Tag fing ich wieder an, normal zu essen. Gott sei Dank.

Meistens gehen solche Krankheiten nämlich nicht einfach von alleine weg, sondern erfordern psychologische und medizinische Behandlung. Nach dieser Erfahrung hatte ich einige Jahre mit meinem Essverhalten zu kämpfen. Zu dünn wurde ich nie wieder. Aber die Zeit hat meinem Stoffwechsel geschadet und ich nahm immer sehr leicht, und leider auch sehr oft, zu. Ab und zu. Das richtige Maß beim Essen zu finden, war ein längerer Heilungsprozess.

Was geblieben ist, ist eine Sensibilität im Umgang mit Menschen, die eine Essstörung haben. Und ich bekam mehr Verständnis dafür, wie sich ein scheinbares Luxusproblem zu einem Berg aufbauen kann. Je öfter ich heute von meiner Erfahrung mit der Magersucht erzähle, desto mehr Menschen trauen sich, mir von ihren Problemen mit dem Essverhalten zu erzählen, und glaub mir, das betrifft viele.

Durch das, was ich damals erlebt habe, kann ich mich gut in Menschen hineinversetzen, die entweder eine Essstörung haben oder immer wieder mit ihrem Gewicht kämpfen. Diese eher negative Erfahrung gehört zu meiner Geschichte. Heute weiß ich, wozu sie gut war.

Man kann das Leben nur rückwärts verstehen,
aber leben muss man es vorwärts.
Søren Kierkegaard

Gottes Vorbereitung

Bestimmt hat das, was ich damals erlebt habe, auch meinen Berufs-
wunsch beeinflusst. Nach der Realschule ging ich auf ein berufliches
Gymnasium mit der Fachrichtung Ernährung und Gesundheit und
bewarb mich nach dem Abi für die Ausbildung zur Diätassistentin.
Das war seit Jahren mein Traumberuf gewesen. Leider bekam ich
keinen Platz.

Warum ich auf die Idee kam, stattdessen katholische Theologie zu
studieren, wirst du verstehen, wenn ich auf Seite 134 darüber schreibe, wie mein traditionelles Kirchenchristentum auf den Kopf gestellt
worden ist. Auf jeden Fall erhielt ich die Zulassung zum Studium und
zog nach Mainz. Aber die historisch-kritische Bibelauslegung und die
»Entmythologisierung« meines Glaubens an die Wahrheit der Bibel
machten mir ganz schön zu schaffen.

Eines Tages, ich war inzwischen im zweiten Semester, kam eine
Vorladung vom Ordinariat. Man hatte dort von meinen Beziehungen
zu einer evangelischen Freikirche gehört und legte mir nahe, diese
Kontakte einzustellen, falls ich nach meinem Studium eine Anstel-
lung in der Kirche haben wolle. Ich bekam erst mal einen richtigen
Schreck, aber nach kurzer Bedenkzeit musste ich zugeben, dass mir
dadurch die Entscheidung um vieles leichter gemacht wurde. Und so
bedankte ich mich für den klaren Bescheid und beendete von heute
auf morgen mein Studium.

Mein Vater, der zu dieser Zeit zur Kur in Bad Mergentheim war, machte einen Ausflug in das nahe gelegene Würzburg und schaute in der Fachschule für Diätassistentinnen vorbei, die mich zuvor abgelehnt hatte. Er fragte nach, ob vielleicht doch ein Ausbildungsplatz frei wäre. Genau an diesem Tag gab eine Schülerin ihren Platz aufgrund einer Schwangerschaft frei. Ich rückte nach und wenige Monate später zog ich nach Würzburg, um doch Diätassistentin zu werden.

Es war eine aufregende Zeit. Ausbildung, Mitarbeit in einer Freikirche, in der ich mich bis heute sehr wohl fühle, Heirat meiner norwegischen großen Liebe – und innerhalb von 12 Jahren kamen unsere fünf Kinder zur Welt.

Warnsignale

Mit 30 war ich Mutter von vier kleinen Kindern: eine Riesenaufgabe. Aber als extrovertierter Mensch wollte ich gleichzeitig noch so viel mehr sein als Ehefrau, Mutter und Pastorenfrau in einer wachsenden Freikirche. Ich engagierte mich in der regionalen und überregionalen Frauenarbeit, organisierte Verwöhnabende und Workshops, schrieb Vorträge und bastelte an meiner Webseite »Seine Töchter«, die auch heute noch existiert.[1]

Statt mich abends auszuruhen, ging es jetzt erst richtig los: Noch schnell bügeln, noch schnell ein Update meiner Webseite machen, einen Vortrag ausarbeiten, noch schnell für den nächsten Tag vorkochen ... So ging das pausenlos.

Im Rückblick war das alles viel zu viel, zumal ich keine Mithilfe durch in der Nähe wohnende Großeltern oder Verwandte hatte. Und auch für einen Babysitter fehlte zu dieser Zeit einfach das Geld.

Irgendwann merkte ich, dass mein Lebenstempo gefährlich hoch war. Ein Burn-out wollte ich nun wirklich nicht riskieren. Meine Vortragsthemen »Stress, lass nach« und »Wege aus dem Burn-out« hatte ich bestimmt prophylaktisch für mich selber geschrieben.

Ein Burn out erleiden nicht hauptsächlich die, die wenig belastbar sind, sondern eher Menschen, die hohe Ideale haben und sich mit Haut und Haaren für die Verbesserung der Welt einsetzen. Menschen in Sozialberufen mit hoher Empathie, die ihre Grenzen nicht beachten. Menschen wie ich.

»Du kriegst keinen neuen Körper. Mit dem, den du jetzt hast, wirst du alt werden!« Dieser Satz traf mich und ich zog die Bremse. Ich entzerrte meine Tagesstruktur, indem ich höchstens zwei Termine für einen Tag ausmachte. Das nannte ich die 2/3-Regel. Wenn ich vormittags und abends aus dem Haus musste, blieb ich nachmittags daheim. Es passiert auch so noch jede Menge Unvorhergesehenes.

> Ein Burn-out erleiden nicht hauptsächlich die, die wenig belastbar sind, sondern eher Menschen, die hohe Ideale haben und sich mit Haut und Haaren für die Verbesserung der Welt einsetzen.

Immer noch schaukelte mein Gewicht rauf und runter. Auch diese Baustelle nahm ich in Angriff. Damals entwickelte ich für mich selber das »Lebe-leichter-Konzept«[2]. Ein wichtiger Grund war, dass ich drei Töchter habe, und ich wollte meine »Diätgeschichte« nicht an sie weitergeben.

Es gab damals noch mehr Veränderungen, von denen ich im Buch »Lebe leichter – Genial normal zum Wunschgewicht« auf Seite 7 schreibe.

Privatsache?

Manchmal denken wir ja, dass es eigentlich keinen was angeht, wie wir mit unseren Problemen umgehen, ob wir sie lösen oder sie vor uns herschieben. Und damit meine ich durchaus auch schlechte Gewohnheiten wie mein Essverhalten von damals und so manche Marotten.

Und dann stelle ich mir mein Leben wie einen Staffellauf vor, in dem ich für eine gewisse Zeit eine wichtige Rolle spiele. Laufe ich gut, mache ich es den Läufern nach mir leichter und die Wahrscheinlichkeit, dass meine Mannschaft gewinnt, steigt. Hey, nach mir kommen meine Kinder und eigentlich alle, die ich mit meinem Leben beeinflusse. Jedes Mal, wenn du vergibst, verbesserst du deine Zukunft. Aber auch die deiner Mannschaft, wer immer das auch bei dir ist.

> Jedes Mal, wenn du vergibst, verbesserst du deine Zukunft.

Jede Sünde, die du überwindest, macht es deinen Kindern leichter, selber ein gutes Rennen zu laufen. Jede schlechte Gewohnheit, die du in den Griff bekommst, macht es denen leichter, die deinen Staffelstab übernehmen.

Deine Geschichte macht Sinn

Mit 40 kehrte ich in meinen Beruf als Diätassistentin zurück. Fünf mehr oder weniger erwachsene Kinder mit Klassenfahrten, Studentenbuden und allem, was dazugehört, strapazierten unser Finanzenbudget und ich sollte jetzt also etwas dazuverdienen.

In der Theorie wusste ich natürlich, dass Gott mir nichts zumuten würde, was mich komplett überfordert. Aber ich hatte keine Ahnung, wie das gehen sollte. »Schlechte Idee, Gott, du wirst schon sehen«, dachte ich monatelang. Wie sehr würde ich in der Gemeinde fehlen? Wie sollte ich mich weiter um meine Frauenarbeit kümmern? Dass der Haushalt und das Familienleben reibungslos weiterlaufen müssten, war ja sowieso klar.

Die Übergangszeit war knallhart. Ich weiß noch, wie ich an einem Gebetsabend in unserer Gemeinde anfing zu weinen und nicht mehr aufhören konnte. Ich war immer so gerne zum Beten gekommen, jetzt war ich einfach nicht mehr dazu in der Lage. Es gab nicht mehr den klitzekleinsten Freiraum in meinem Leben.

Mich in einem Krankenhaus zu bewerben, hatte ich bei meinen Recherchen nach einem Arbeitsplatz nicht mit in Betracht gezogen. Seit meiner Ausbildung vor zwanzig Jahren hatte sich einfach zu viel geändert. Mein Wunsch, Frauen zu helfen, das Beste aus sich zu machen, brachte mich aber auf eine Idee. Sollte ich mich vielleicht mit meinem eigenen Programm selbstständig machen? Bei mir hatte das Konzept super funktioniert und auch der kostenlose Probelauf in unserer Gemeinde war ein voller Erfolg gewesen.

Auf der Pfingsteuropakonferenz der europäischen Pfingstgemeinden 2003 in Berlin hielt ich einen Vortrag über moderne Wege in der Frauenarbeit. Dabei erwähnte ich auch den Probelauf meines eigenen Programms in unserer Gemeinde. Unter den Zuhörern saß Heike und die kam im Anschluss an den Vortrag völlig fasziniert auf mich zu. Heike hatte schon einmal über meine Webseite Kontakt mit mir aufgenommen und nun lernten wir uns live und in Farbe kennen.

Allein die Ähnlichkeiten in unserer Biografie verblüfften uns. Wir hatten beide fünf Kinder, waren beide mit Pastoren verheiratet, beide Ernahrungsfachkrafte und beide seit Jahren ehrenamtlich in der Frauenarbeit engagiert.

Die Chemie zwischen uns stimmte sofort. Im Rückblick sehen wir: Diese Begegnung war kein Zufall, sondern von Gott arrangiert. Schon eine halbe Stunde nachdem wir uns zum ersten Mal begegnet waren, überlegten wir, wie es wäre, zusammen ein Buch zum Thema »Leichter werden« zu schreiben.

Heike bezweifelte allerdings, dass es mir nach meiner langen Berufspause gelingen würde, mich mit einem eigenen Programm auf dem Markt zu behaupten. Sie riet mir, für die Firma Weight Watchers zu arbeiten, so wie sie es auch machte. Sieben Jahre arbeitete ich dann auch dort. Und Heike und ich schrieben 2006 zusammen unser erstes Buch »Lebe leichter – Umschalten aufs Wohlfühlprogramm«, das inzwischen längst vergriffen ist.

All das Neue, was ich neben meinem Sieben-Personen-Haushalt lernen und erledigen musste, war so anstrengend, dass ich oft an meine Grenzen kam. Denn auch im Beruf war ja meine Devise: Nicht kleckern, klotzen. Meine Selbstständigkeit sollte schließlich nicht nur ein Hobby sein, sondern sich finanziell lohnen.

In dieser Zeit hat Gott mir das ganze Handwerkszeug für das gegeben, was er mit Heike und mir vorhatte. Ein Zufall war das alles nicht.

Im Rückblick bin ich dankbar für diese Turbojahre nach meinem Wiedereinstieg. Vieles hätte ich im Familien- und Gemeindealltag nicht lernen können. In dieser Zeit hat Gott mir das ganze Handwerkszeug für das gegeben, was er mit Heike und mir vorhatte. Ein Zufall war das alles nicht. Gott machte Türen auf, an die ich nie gekommen wäre, wenn ich damals nicht meine Komfortzone verlassen hätte.

Ein Segen für andere werden

Als ich 50 wurde, gingen Heike und ich mit dem 12-Wochen-Programm *Lebe leichter* an den Start. Hier konnten wir unsere gesamte bisherige Erfahrung einbringen: Zum einen unsere berufliche Qualifikation und unser langjähriges Know-how zum Thema gesundes Abnehmen. Wir wussten auch, dass die Seele Bedürfnisse hat, die sich manchmal wie Hunger anfühlen, und wie wichtig es ist, hier für einen Ausgleich zu sorgen.

Den dritten Aspekt, den wir *Lebe leichter* zugrunde legten, findest du in Deutschland in keinem anderen Konzept: Auch unser Geist hat Hunger. Wir hungern nach Antworten auf die Sinnfragen des Lebens: Wozu bin ich auf der Welt? Wo komme ich her? Wo geh ich einmal hin? Auch dieser Hunger will gestillt werden.

In der Programmwoche 9 beim Thema »Lebe mit Leidenschaft« und in der Woche 10 bei »Lebe mit Maßstäben« gehen wir auf diesen Hunger nach dem Sinn des Lebens ein. Wir hatten nicht viel Zeit, das Programm bis ins letzte Detail auszufeilen, und sehen umso deutlicher, dass uns viele Gedanken einfach vom Himmel in den Schoß gefallen sind.

Unser Buch »Lebe leichter – Genial normal zum Wunschgewicht« erschien und wir konnten 2011 direkt mit vollen Kursen in Würzburg und Offenburg beginnen. Von überallher kamen Anfragen von Interessenten, die Lebe-leichter-Online-Kurse buchen wollten und sich erkundigten, wo man denn einen Lebe-leichter-Kurs in ihrer Nähe besuchen könnte.

Sofort begannen wir damit, die ersten Lebe-leichter-Coaches auszubilden, und boten die Möglichkeit, *Lebe leichter* als Online-Kurs zu buchen. Fünf Jahre später arbeiteten bereits 160 Coaches in Deutschland, Österreich und der Schweiz mit unserem Programm.

Lebe leichter gibt es, weil Gott Heike und mir geholfen hat, ein Problem zu überwinden, nämlich beim Essen das richtige Maß zu finden.

Vielleicht bist du gerade in einer Situation, die du beim besten Willen nicht verstehst? Kannst du glauben, dass Gott dich durch diese Schwierigkeiten für etwas Besonderes vorbereitet?

Kannst du glauben, dass Gott dich durch diese Schwierigkeiten für etwas Besonderes vorbereitet?

EINEN GUTEN LEBENSSTIL ENTWICKELN

> Deshalb sollt ihr euer altes Wesen und eure frühere Lebensweise ablegen, die durch und durch verdorben war und euch durch trügerische Leidenschaften zugrunde richtete. Lasst euch stattdessen einen neuen Geist und ein verändertes Denken geben.
> *Epheser 4,22f*

Es war ein ganz normaler Wochentag um die Mittagszeit und ich war zum Einkaufen in der Würzburger Innenstadt. Meine Gedanken kreisten um die Vorbereitung für meinen Part »Body«, zu dem ich beim Ladys Day bei Heike einen Vortrag halten sollte.

Mein Mann hatte mir am Frühstückstisch ein Zitat von Albert Schweitzer vorgelesen, das mich ziemlich provoziert hatte: »Mit 20 hat jeder das Gesicht, das Gott ihm gegeben hat, mit 40 das Gesicht, das das Leben ihm gegeben hat, und mit 60 das Gesicht, das er verdient.«

Mit 20 hatte ich gerade mein Theologiestudium an den Nagel gehängt, war zum zweiten Mal allein in eine fremde Stadt umgezogen und hatte dort meine Ausbildung zur Diätassistentin begonnen. Ob ich damals das Gesicht hatte, das Gott sich für mich ausgedacht hatte?

Hatte mein Drahtseilakt als 40-Jährige zwischen Familie, Beruf und Ehrenamt mir ein bestimmtes Gesicht verpasst? Und was für ein Gesicht hätte ich nach Albert Schweizers Meinung wohl als 60-Jährige verdient?

An diesem Tag strömten mir besonders viele abgehetzte Menschen entgegen. Es gibt manchmal Tage, da denkt man, die ganze Welt hat schlechte Laune. Vielleicht war es das Wetter. Vielleicht die Uhrzeit.

Viele sahen ganz schön mitgenommen aus, warum auch immer. Sorgen? Ärger? Krankheiten? Zerbrochene Träume? Oder hatte ich nur gerade diesen besonderen Blick?

Genau an diesem Tag bohrten sich auf jeden Fall diese Fragen in meinen Kopf: Wie sieht wohl der Körper, wie sieht das Gesicht aus, das Gott diesem Mann und dieser Frau gegeben hat, die mir da gerade entgegenkommen?

Wie sieht die Frau aus, die Gott gemeint hat, als er ihre einzigartige, unverwechselbare DNA gebildet hat?

Was für ein Leben hatte Gott ursprünglich für sie vorgesehen? Lebt sie es?

Und welchen Einfluss hatte wohl ihr aktueller Lebensstil auf ihren Tagesablauf, ihr Wohlbefinden, ihr Leben, ihre Zukunft?

Wenn ein Arzt einem Patienten rät, seinen Lebensstil zu ändern, meint er damit die Art und Weise, sich zu ernähren, den Umgang mit Alkohol und Zigaretten, die Schlafgewohnheiten und ob auf genügend Entspannung und Bewegung geachtet wird. Dass diese Faktoren unser »Gesicht« verändern, kann ich durchaus glauben.

Gute Ernährungsgewohnheiten

Manche Menschen haben einfach so, also ohne sich dessen bewusst zu sein, gute Ernährungsgewohnheiten. Sie kennen intuitiv das richtige Maß beim Essen. Sie essen nicht zu viel und nicht zu wenig und sie mögen am liebsten gesundes selbstgekochtes Essen. Ich würde sagen, das ist ein echter Vorteil im Leben.

Ich hatte, vielleicht aufgrund meiner Vorgeschichte, öfter mal schlechte Angewohnheiten, kleinere oder größere Marotten. Mal aß ich zu viel Süßes, mal zu viel Gesundes. Mal aß ich fast nichts, weil ich am Abnehmen war, dann wieder hatte ich Heißhunger und konnte meinen Appetit nur mit Mühe zügeln.

In unseren drei Lebe-leichter-Büchern haben wir so viel über Gewichtsmanagement und gesunde Ernährung geschrieben, dass wir uns hier nicht wiederholen wollen. Und natürlich gibt es mehr als nur unseren Weg, auf die Gesundheit und das Gewicht zu achten.

Aber unsere guten und schlechten Gewohnheiten haben einen größeren Einfluss auf unseren Körper und unsere Seele, als uns das manchmal bewusst ist: Schlechte Angewohnheiten verändern dich und gewinnen nach und nach die Kontrolle über dein Leben. Änderst du sie nicht, besser gesagt, änderst du dich nicht, stehlen sie dir deinen Tag, deine Gesundheit, deine Träume und dein Leben. Und plötzlich sind Jahre ins Land gegangen und du bist trotz aller Kämpfe mit diesen Angewohnheiten fast nicht von der Stelle gekommen.

> Schlechte Angewohnheiten verändern dich und gewinnen nach und nach die Kontrolle über dein Leben.

Du kannst so viel Energie sparen und natürlich auch Krankheiten vorbeugen, wenn du herausfindest, welches Essen dir guttut und welches nicht. Wenn du dann merkst, dass der Verzehr bestimmter Genuss- oder Lebensmittel sich körperlich oder seelisch negativ bei dir auswirkt, kannst du entscheiden: Entweder du genießt nur kleine Mengen – oder du lässt ganz die Finger davon.

Süßes und Alkohol

Ich akzeptiere, dass manche Lebensmittel, speziell Süßes, Kuchen und Fast Food sich negativ auf meinen Insulinspiegel und, noch wichtiger, auf meine Willenskraft auswirken. Ich vertrage diese Dinge nur in »homöopathischen« Dosen. (Der Ausdruck ist hier nicht ernst gemeint!) Schlage ich bei solchen Genussmitteln über die Stränge, dauert es manchmal, bis ich wieder in mein gutes, ich meine damit mein gesundes Fahrwasser komme. Darum lasse ich es lieber gleich. Der Kampf, manche Sachen erst gar nicht zu essen, ist leichter, als nach dem Genuss den Schluss zu finden. Wenn du natürlich nach einer Rippe Schokolade locker aufhören kannst, dann gehörst du zu einer anderen Liga und hast meine volle Bewunderung! Dann bist du nicht gemeint, das bezieht sich auf mich und auf die »Süßjunkies«, die genau diese Eigenschaft leider nicht besitzen.

In unseren Lebe-leichter-Kursen sind Menschen wie du und ich. Viele kämpfen nicht nur Jahre, sondern Jahrzehnte mit ihrem Gewicht. Rauf, runter, gute Zeiten, schlechte Zeiten. Fast immer spielt dabei das »Dauergrasen« zwischen den Mahlzeiten, sprich, das dauernde Essen, und der »süße Zahn«, also die Vorliebe für süßes Essen, die größte Rolle. Als ich diese beiden Stellschrauben akzeptierte, »wenig Süßes« und »nichts zwischen den Mahlzeiten«, wurden meine Gewichtsprobleme einfach so gelöst. Naja, ganz so einfach war es nicht. Es war ein Prozess. Aber die Wahrheit ist, dass ich die Tatsache einfach akzeptiert habe, dass mir manche Lebensmittel nicht guttun.

Kannst du dir vorstellen, eine Woche auf Süßigkeiten, Kuchen und Fast Food zu verzichten? So kannst du testen, ob das deine Abnahme beschleunigt, falls du Gewicht reduzieren willst. Oder du kannst prüfen, ob du dich »ohne« fitter, frischer und besser fühlst.

Immer wieder lege ich mal ein komplett alkoholfreies Quartal ein, meist zwischen Jahresbeginn und Ostern. Eine klare Entscheidung, die sich einfach umsetzen lässt. Warum ich das tue?

Alkohol macht Hunger und hat man ein, zwei Gläser getrunken, möchte man meistens auch gerne noch etwas essen. Alkohol macht locker, und alle guten Vorsätze für die Gesundheit schmelzen wie Schnee in der Sonne. Alkohol hat mehr Kalorien, als man denkt, sogar mehr als Fett. Und für den Körper ist Alkohol Gift. Er kümmert sich zuallererst darum, den Alkohol abzubauen statt um die Salami oder das Pizzabrötchen, das nebenbei noch in den Mund gewandert ist.

Meine Bekannte Tatjana hat eine gute berufliche Position und einen großen Kollegenkreis. Neulich verriet sie mir ihren Leitsatz und den werde ich nie vergessen: »Ich trinke nie Alkohol, wenn es mir schlecht geht«, sagte sie. »Ich habe zu viele Kollegen abstürzen sehen.« Tatjana trinkt nur, wenn sie gut drauf ist, ich mache ein- bis zweimal im Jahr ein komplett alkoholfreies Quartal, wichtig ist, dass du mit dem Genussmittel Alkohol bewusst umgehst. Und ganz bestimmt ist weniger hier mehr.

Vielleicht denkst du, das kann dir nicht passieren, dass du dich gehen lässt. Weder beim Essen noch bei bestimmten Genussmitteln oder beim Alkohol. Aber schon die Bibel gibt uns im 1. Korintherbrief den Rat: »Daher, wer zu stehen meint, sehe zu, dass er nicht falle« (1. Korinther 10,12). Tatjana hat mehr als einen Kollegen in die Alkoholsucht abstürzen sehen. Ich habe erlebt, wie Menschen im Laufe von zwei Jahren 20 oder 30 Kilo zugenommen haben, weil sie durch tragische Ereignisse in ihrem Leben die Kontrolle über sich verloren haben und sich nun gesagt haben: »Jetzt ist es eh egal!« Sowohl Essen als auch Alkohol können »falsche« Tröster sein.

Kannst du dir vorstellen, eine Woche, einen Monat, ein Quartal auf Alkohol zu verzichten? Einfach, um deinem Körper etwas Gutes zu tun?

Geschmacksverstärker, Konservierungs- und Bindemittel enthalten jede Menge Chemie. Deshalb kaufe ich möglichst keine Tüten- und Fertigprodukte mehr. Ich sage bewusst »möglichst«. Denn wird mir mal eine Fertigsoße serviert oder ich weiche durch irgendeinen Umstand von der Regel ab, mache ich mich nicht gleich verrückt. Gesunde Ernährung soll keine Religion für mich werden. Auch eine Dosensuppe macht satt. Normalerweise habe ich ja die Wahl.

Ich esse heute weniger Fleisch und mehr Gemüse. Und bin bestimmt nicht extrem, eher ein bisschen wählerisch. Ich treffe einfach immer wieder die bewusste Entscheidung, was mir guttut und was nicht. Das klappt ohne großen Mehraufwand und nennenswerte Mehrkosten, auch wenn die Männer in meiner Familie gerne öfter eine Portion Fleisch auf ihrem Teller haben möchten.

Vor ein paar Jahren bin ich den Süßstoffen in meiner Ernährung zu Leibe gerückt. Das war noch eine Marotte aus Kaloriensparzeiten, die sich lange bei mir gehalten hatte: Ich habe Süßstoff im Tee und anderen Lebensmitteln einfach langsam ausschleichen lassen und trinke lieber Wasser oder Schorle statt Diät-Limos. Die einzige Ausnahme ist mein Beerenmüsli am Morgen, das mir ohne zusätzliche Süße zu sauer ist. Aber immer öfter wird's einfach ein Teelöffel Zucker oder Honig.

Dann habe ich getestet, ob meine Einschlafprobleme die Folge von zu viel Kaffee waren: Ich bin ja mit einem Norweger verheiratet und da gehören Ströme von Kaffee quasi zum Lebensstil dazu. Inzwischen trinke ich nur noch morgens koffeinhaltigen Kaffee und schlafe wie ein Baby, wobei ich nicht weiß, ob der Kaffeeverzicht die Lösung des Problems war oder mein abendliches Arbeitsverbot (vgl. Seite 63), aber ich habe es wenigstens probiert.

Gerade beim Essen und Trinken haben wir fast immer die Wahl. Leiste es dir, wählerisch zu sein. Lieber eine perfekte Praline aus der Confiserie als zwei zuckersüße Plunderteilchen aus dem Gebäckfach des Discounters mit vier-mal so viel Zucker. Lieber einmal in der Woche ein Stück Kuchen mit Genuss zelebriert als je-den Tag Süßes, und es ist gar nichts Besonderes

> Disziplin ist am Anfang schwer, spater macht sie alles leichter.

mehr. Denn die »Love-Handles«, die Speckröllchen auf deinen Hüf-ten, sind ja auch nichts Besonderes. Disziplin ist am Anfang schwer, später macht sie alles leichter.

Eigentlich ist Disziplin in vielen Lebensbereichen eine Selbstver-ständlichkeit. Ich kann nicht mehr Geld ausgeben, als ich habe, sonst wird mir das Konto gesperrt. Ich muss morgens aufstehen und pünkt-lich auf der Arbeit erscheinen, sonst bekommt ein anderer meinen Job. Ich muss meine Küche aufräumen, sonst bestraft mich der nächs-te Morgen. Und wenn du in deinem Garten nichts anbaust, kannst du später auch nichts ernten.

Genauso ist es mit dem, was du isst und trinkst. Du kannst nicht täglich viel Süßes essen und erwarten, gesund und schlank zu sein. Du kannst nicht viel Alkohol trinken und nüchtern bleiben. Du kannst nicht nur auf der Couch liegen und alle viere von dir strecken und gleichzeitig sportlich sein: Du hast die Wahl, und ich auch.

Fallen dir selber Beispiele ein, wo du bewusst eine bessere Wahl treffen kannst?

Du darfst wählerisch sein

Das Wörtchen »wählerisch« klingt so, als hättest du an allem etwas auszusetzen oder als würdest du ständig rummäkeln. Aber ich mag das Wort. Und ich mag es, wählerisch sein zu dürfen. Bei dem, was ich esse, bei dem, was ich anziehe, bei allem, was meinen Körper betrifft: Ich habe die Wahl. Niemand zwingt mich, minderwertiges Essen zu essen. Ich darf entscheiden: Klasse oder Masse. Qualität oder Quantität. Optimum oder Maximum.

Im Alten Testament steht die faszinierende Geschichte von Daniel und seinen drei Freunden, die an den Hof des Königs Nebukadnezar berufen worden waren. Die Bibel berichtet, dass Daniel aus einer vornehmen Familie stammte, sehr gebildet war, eine schnelle Auffassungsgabe hatte und obendrein noch gut aussah. Was das Essen betraf, war er äußerst wählerisch.

Obwohl der König festgelegt hatte, welche auserlesenen Speisen und Getränke diejenigen zu sich nehmen sollten, die er nach dreijähriger Ausbildung zu seinen Beratern machen wollte, bat Daniel, sich an die Speisegesetze seines Gottes halten zu dürfen.

Daniel beschloss in seinem Herzen, keine Speisen und keinen Wein vom Tisch des Königs anzurühren. Er wollte sich an die Speisegesetze seines Gottes halten. Er bat Aschpenas um die Erlaubnis, die kultisch unreinen Speisen nicht essen zu müssen. (...) »Ernähre uns versuchsweise zehn Tage lang mit Gemüse und Wasser. Vergleiche nach Ablauf dieser zehn Tage unser Aussehen mit dem der anderen jungen Männer, die von den Speisen des Königs essen.« (...) Der Aufseher ging auf Daniels Vorschlag ein und führte diesen Versuch zehn Tage lang durch. Am Ende dieser zehn Tage wirkten Daniel und seine drei Freunde gesünder und sahen besser aus als die anderen jungen Männer, die von den Speisen des Königs gegessen hatten. Daraufhin ließ der Aufseher die Speisen der königlichen Tafel und den Wein, den sie trinken sollten, wegtragen und gab ihnen nur noch Gemüse zu essen.

Und Gott schenkte diesen jungen Männern Einsicht und Verständnis für die Wissenschaft und alle Schriften ihrer Zeit. Und immer, wenn eine schwierige Frage beraten werden musste, die Verstand und Einsicht erforderte, wandte sich der König an diese Männer. Dabei fiel ihm auf, dass sie allen Gelehrten und Zeichendeutern seines Reiches zehnmal überlegen waren.

Daniel 1,8; 12; 14-17

Daniel war wählerisch! Er riskierte es nicht, sich mit bestimmtem Essen oder Alkohol zu verunreinigen. Er ordnete den kurzzeitigen Genuss seiner hohen Berufung unter.

Zu begreifen, dass es sich lohnt, wählerisch zu sein, obwohl man alles haben könnte, ist schwer! Zu begreifen, dass im Verzicht ein Gewinn liegt, ist schwer! Ich mag es, selber wählen zu dürfen.

> Zu begreifen, dass es sich lohnt, wählerisch zu sein, obwohl man alles haben könnte, ist schwer!

Bist du wählerisch? Ernährst du dich gesund? Für den einen bedeutet das, Fertigprodukte wegzulassen, für den anderen müssen es Biolebensmittel und Grünkernbratlinge sein. Und andere entscheiden sich ganz bewusst gegen bestimmte Lebensmittel, weil sie wissen, dass sie ohne sie manche Probleme von vornherein ausschalten.

Auf jeden Fall ist es eine gute Wahl, bei jeder Mahlzeit ein oder zwei Portionen Gemüse zu essen und hin und wieder ein Stück Obst. Und es ist auf jeden Fall eine gute Wahl, viel Wasser zu trinken. Du bestimmst.

Bewegung ist Leben

Präventiv leben

Auch in Sachen Bewegung hat wohl jeder seine eigene Geschichte. Und auch hier müssen wir immer wieder nachjustieren, denn im Laufe der Zeit verändern wir uns. Manche, wie Heike zum Beispiel, waren schon immer sportlich aktiv und sind es auch als Erwachsene noch. Dass das bei Heike aber auch nicht immer von selbst so ist, erzählt sie später noch.

Meine Begeisterung für den Sport hielt sich jahrelang in Grenzen, aber meine Geschichte geht gut weiter: In der Grundschule war Turnen für mich okay. Als dann später die Teamsportarten wie Völkerball und Co. dazu kamen, war es mit der Liebe vorbei. Ich war schon früh Brillenträgerin und sah die Bälle wohl nicht immer rechtzeitig kommen. Vielleicht habe ich auch öfter mal einen zu viel abgekriegt. Auf jeden Fall reduzierte sich mein Interesse auf das Nötigste.

Wohnortswechsel, Studium, Ausbildung und Großfamiliengründung – in dieser Zeit dachte ich noch nicht mal an Sport. Erst als die Kinder größer waren, wurde mir bewusst, dass ich etwas für meine Kondition tun musste. Dass das nötig war, habe ich einfach akzeptiert.

Ich habe mich bewegt, mit Spaß oder ohne. Sport habe ich es allerdings nicht genannt.

Seit ich wieder etwas mehr Zeit habe, buche ich jedes Jahr mindestens zwei Präventionskurse. Denn wenn ich irgendwo angemeldet bin, gehe ich auch hin. Erst bei einer Teilnahme von 80 % bekommt man die Rückerstattung der Krankenkasse. Diese Bedingung spornt mich an, den Kurs bis zum Schluss durchzuziehen. Auf diese Weise habe ich schon in einige Sportarten reingeschnuppert und weiß nach jedem Kurs mehr, was mir gefällt und was nicht:

3 x Nordic Walking – Es war gut, vom Profi die richtige Technik zu lernen, um es später alleine zu praktizieren.

2 x Aqua-Fitness – Auch das war gut, aber die von mir gewählten Uhrzeiten waren nicht alltagstauglich. Außerdem war es nass und kostete mich im Winter eine gewisse Überwindung.

2 x Progressive Muskelentspannung – Das war super! Ich bin fast immer eingeschlafen ☺.

2 x Wirbelsäulengymnastik – War gut, aber definitiv nicht mein Sport.

2 x Pilates – Einmal war es gut, einmal so naja. Vielleicht lag es an der Kursleiterin. Außerdem waren die gewählten Kurszeiten schwierig.

Zu Fuß unterwegs sein

»Wenn man mit Flügeln geboren wird, sollte man alles daransetzen, um sie zum Fliegen zu benutzen«, schrieb Florence Nightingale. Dieser schöne Spruch zierte ein paar Monate unsere Badezimmertüre und beim morgendlichen Philosophieren schwante mir, dass wir Menschen demzufolge unsere Beine benutzen sollen.

Um mich zu motivieren, mich im Alltag mehr zu bewegen, habe ich mir vor ein paar Jahren einen Schrittzähler zugelegt und versuche, täglich auf 10 000 Schritte zu kommen. An einem Bürotag ist das nur möglich, wenn ich zusätzliche Strecken einbaue, für die ich mir bewusst die Zeit nehme zu gehen.

»So kindisch kann man sein«, dachte ich neulich. Ich hatte beim Umkleiden am Nachmittag vergessen, den Schrittzähler »umzustecken«. Gerade an diesem Tag war ich durch halb Würzburg gelaufen, was erfahrungsgemäß viele Schritte bringt, und war auch sonst richtig aktiv gewesen. Trotzdem blieb der Zähler am Abend bei mickrigen

2 000 stehen und ich habe mich wirklich kurz geärgert. Wahrscheinlich hätte ich an diesem Tag locker die sportlichen 10 000 geknackt. Nun fehlte mir der »Beweis«. Die Schrittzahl wird immer eine Woche gespeichert. So kindisch kann man also sein – aber wenn's hilft, bin ich auch mal kurz kindisch.

Jahrelang habe ich mich zur Freude meiner Teilnehmer als »Sportmuffeline« geoutet, die sich zur Bewegung überwinden muss, aber es aus eigener Einsicht tut, weil sie weiß, dass die Glückshormone auf jeden Fall hinterher ausgeschüttet werden. Stimmte ja auch.

Bis mir bewusst wurde, dass ich mir mit meiner Selbstironie keinen Gefallen tat. Seitdem habe ich die Art und Weise, wie ich über mich und meine mangelnde Bewegungsliebe spreche, geändert: Statt von mir als »Couch-Potato« zu sprechen, habe ich immer öfter gesagt: »Ich bin ziemlich fit!« – in Anlehnung an den Bibelvers aus Joel 4,10 (LUT). Dort steht: »Der Schwache spreche: Ich bin stark!« Heute bin ich ziemlich fit!

»Die größte Entscheidung deines Lebens liegt darin, dass du dein Leben ändern kannst, indem du deine Einstellung änderst«, schrieb derselbe kluge Albert Schweitzer, der auch den provokanten Satz geprägt hat, dass jeder mit 60 das Gesicht hat, das er/sie verdient.

> Ich musste erst mal meine Einstellung ändern. Danach konnte ich dann so richtig vom Nutzen der Bewegung profitieren.

Ich musste erst mal meine Einstellung ändern. Danach konnte ich dann so richtig vom Nutzen der Bewegung profitieren. In den letzten fünf Jahren hat sich nun eine erstaunliche Wandlung bei mir vollzogen.

Die Wende

Schon durch die Vorbereitung auf unser Buch »Lebe leichter – Bleibe leichter in einem bewegten Alltag« beschäftigte ich mich mit vielen neuen Sportarten und bekam Anregungen, die ich nicht nur selber ausprobiert, sondern auch in mein Leben integriert habe. Die endgültige Wende kam Anfang des Jahres 2016. Ich hatte mir wieder einmal einen neuen Präventionskurs rausgesucht, den ich im ersten Quartal besuchen wollte.

Diesmal buchte ich den Kurs »Ganzkörpertraining« und siehe da, es machte mir megamäßig Spaß. Vielleicht lag es auch an der motivierenden Kursleiterin, auf jeden Fall sprang endlich mal der Funke über. Es machte mir so viel Spaß, dass ich den Kurs am liebsten dreimal in der Woche besucht hätte statt zehn Wochen nacheinander jeweils eine Stunde. Es machte mir so viel Spaß, dass ich nach einem Fitnessstudio in meiner Nähe suchte und das erste Probetraining meines Lebens vereinbarte.

Aus dem Probetraining wurde ein dreimonatiges Schnupperabo und auf einmal war sie da, meine späte Liebe zum Sport. Inzwischen gehe ich dreimal in der Woche zum Krafttraining und nenne es Spaßsport. Ich merke, dass es meinem gesamten Körper guttut.

Die gute Gewohnheit, täglich viele Strecken zu gehen und möglichst oft zu Fuß unterwegs zu sein, habe ich beibehalten und überprüfe das hin und wieder mit meinem Schrittzähler. Tja, ab und zu denkt man halt, man war den ganzen Tag auf Achse. Der Blick auf den Schrittzähler zeigt mir, wie es wirklich war. Dann habe ich die Wahl, ob ich noch mal an die frische Luft gehe oder lieber noch eine Viertelstunde auf dem Trampolin schwinge.

Ich staune selber über meine Geschichte und wie ich mich verändert habe. Die Liebe zur Bewegung ist mir nicht in den Schoß gefallen, aber sie tut meinem Körper enorm gut.

Beate meinte immer, ich sei die Sportlichere, weil ich mich viel mehr bewege als sie. Dass wir eine ähnliche Kindheitserfahrung haben, wusste sie nicht. Auch ich hasste Schulsport und kann keine Bälle fangen. Werfen auch nicht. Beim Sportunterricht wurde ich meistens als Vorletzte in die Gruppe gewählt. Sport gehörte noch nie zu meinen Leidenschaften. Erst als ich nach den Schwangerschaften mit meinen Pfunden zu kämpfen hatte, kam ich auf die Idee, mich regelmäßig zu bewegen. Wenn ich heute davon berichte, dass ich dreimal die Woche jogge und dreimal die Woche das Fitnessstudio besuche, denken die meisten, dass mir das immer leichtfällt.

Aber weißt du was? Ich muss mich JEDEN Tag selbst überwinden. Bewegung ist für mich Mittel zum Zweck. Ich kann mein Gewicht halten und beuge Rückenschmerzen vor. Lieber würde ich im Sessel sitzen und ein Buch lesen oder mich mit meinem Mann und den Kindern unterhalten, mit einer Freundin einen Kaffee trinken gehen oder durch die Stadt bummeln. Ich falle nie morgens von selbst in meine Laufschuhe, aber ich kenne *den positiven Nutzen von Bewegung und habe am eigenen Leib erfahren, was passiert, wenn ich nichts tue. Ich habe die Wahl, jeden Tag.*

Heike

Keine Einzelkämpfer

Die Teilnahme an Präventionskursen hat sich für mich als Strategie bewährt, um immer wieder mal was Neues auszuprobieren und nicht zu bequem zu werden. Eine andere Strategie ist, mich mit anderen zusammen zu bewegen. Wenn man gemeinsam etwas unternimmt, lernt man sich auf andere Weise kennen, als wenn man sich nur so zusammensetzt. Richtig Spaß gemacht hat der Tanzkurs, den ich meinem Mann zu Weihnachten geschenkt habe. »Schnappen Sie sich Ihr Tanzsportgerät«, höre ich immer noch unsere Tanzlehrerin. Sie meinte damit natürlich unseren Partner. Sie war eine kleine, energische Person voller Lebensfreude und Wortwitz – und fest entschlossen, dass keiner ihren Tanzkurs verlässt, ohne das Gefühl zu haben, die Schritte »voll draufzuhaben«.

Grenzen überwinden

Gemeinsame Bewegung haben wir uns auch für die Freundinnen-Wochenenden unserer Würzburger »Sisters« auf die Fahne geschrieben. Neben geistlichen Inhalten stehen immer auch gemeinsame Aktivangebote auf dem Programm.

Bei unserer letzten Freizeit erzählte Gerlinde, wie sie es erlebt hat, sich durch unsere Gruppe zu mehr Bewegung herausfordern zu lassen. Wir »Freundinnen« kamen dabei nicht besonders ruhmreich weg, aber wir haben alle etwas daraus gelernt:

Im Juni 2015 nahm Gerlinde nun schon zum dritten Mal an unserem Wochenende teil. Nach sieben Jahren Angststörung, die sie daran gehindert hatte, in irgendeiner Weise am sozialen Leben teilzunehmen oder auch nur das Haus zu verlassen, war schon die Teilnahme an ihrem ersten Wochenende zwei Jahre vorher ein Wunder gewesen.

Nun steht bei jeder Freizeit ein Nachmittag zur freien Verfügung auf dem Programm. An diesem Nachmittag kann man sich dann bei einem der Bewegungsangebote anschließen. Schon immer lösten solche »Tagesordnungspunkte« echte Panik bei Gerlinde aus. Beim ersten Mal standen Wandern und der Besuch eines Porzellanmuseums zur Auswahl.

»Wandern kam überhaupt nicht infrage, da muss man ja nach draußen und es ist anstrengend, vor allem, wenn man sich vorher jahrelang nur im Haus bewegt hat. Museum war in Ordnung: Da gab es ein festes Programm, man fuhr mit dem Auto hin und zurück und fertig. Gebongt.«

Bei Gerlindes zweitem Freundinnen-Wochenende 2014 stand zur Auswahl: Wandern, Porzellanmuseum, Badesee. »Jetzt wurde es eng. Das Museum hatte ich schon gesehen, Wandern war ausgeschlossen und Schwimmen erst recht. Ich hatte vorsorglich schon keine Badesachen mitgenommen. Also blieb ich allein im Hotel und ruhte mich aus.«

Bei ihrem dritten Wochenende im Juni 2015 war Gerlinde entschlossen, sich nicht noch einmal ausbremsen zu lassen, und meldete sich fürs gemeinsame Wandern an:

»Ich hatte extra feste Schuhe mitgenommen, meine Radlerhose und ein zusätzliches T-Shirt! Eine dreiviertel Stunde hinlaufen, Kaffeetrinken und wieder zurück. Das klang machbar. Also los, über Waldwege und Stock und Stein. Schon nach 20 Minuten passierte es: Ich stürzte, überschlug mich und zog mir eine schmerzhafte Prellung am linken Oberschenkel und eine blutende Wunde am linken Knie zu. Aber als Sicherheitsmensch war ich gut gerüstet. Ich versorgte die Wunde mit Desinfektionstüchern und Pflaster und weil sonst nichts passiert war, beschloss ich weiterzulaufen. Auch die Brille war noch heil und nicht mal mein Knöchel tat weh.«

Auf dem Rückweg zog sich die Gruppe durch die unterschiedliche Laufgeschwindigkeit der Frauen so auseinander, dass eine kleine Nachhut den Anschluss an die anderen verlor. Auch Gerlinde war in dieser Gruppe. Das war aber nicht schlimm, weil die Führerin der Wanderung in Gerlindes Gruppe war. Leider war sie so ins Gespräch vertieft, dass sie eine Abzweigung verpasste. Nach einigen Kilometern in die falsche Richtung bemerkte sie ihren Irrtum und die Gruppe musste den ganzen Weg zurücklaufen, in der Hoffnung, die richtige Abzweigung wiederzufinden.

Es war heiß, die Gruppe lief inzwischen schon zwei Stunden, und die ersten Mitläuferinnen kamen an ihre Grenzen. Auch Gerlinde war verschwitzt und erschöpft. Durch die Hitze und die Feuchtigkeit hatte sich das Pflaster gelöst und baumelte Gerlinde ums Knie. Weil es nicht mehr blutete, riss sie es ab. Jetzt war nur noch ein steiler Berg zu bewältigen. Auf halber Höhe platzte dann auch noch der Boden ihres Rucksacks auf und der komplette Inhalt ergoss sich auf den Abhang: Foto, Handy, Wasserflasche, Brille und der ganze Kleinkram. Sie sammelten alles ein, die Wasserflasche behielt Gerlinde selbst in der Hand, den

Rest packte eine Weggefährtin in ihren Rucksack und musste nun die doppelte Last tragen.

Irgendwann kamen sie an die Hauptstraße. Jetzt waren es nur noch ein, zwei Kilometer bis zum Hotel.

»Da passierte etwas, das wie ein Albtraum für mich war«, erinnert sich Gerlinde. »Als wir aus dem Wald traten, wurde ich von einer Horde Wespen und Bremsen angefallen, die sich auf meine Wunde stürzten. Ich begann, mit meinem Rucksackrest um mich zu schlagen. Die Wasserflasche flog in hohem Bogen auf die Straße, ich stürzte kopflos hinterher. Die anderen Frauen schrien, ich solle von der Straße weg. Einige Bremsen hatten mich schon gestochen und ich bekam die totale Panik, weil ich schon mal allergisch auf einen Bremsenstich reagiert hatte. Schließlich band eine Frau ihren Pullover um mein Bein, aber so konnte ich nicht laufen. Und weil auch sie keinen Schritt weiterkonnte, beschlossen wir, ein Auto anzuhalten. Es dauerte ein bisschen, bis endlich ein freundlicher Mann anhielt, uns beide einlud und bis vor unser Hotel fuhr.

Die anderen liefen die restliche Strecke noch zu Fuß. Mein Kopf war hochrot und schien kurz davor zu platzen. Mir tat alles weh, die Bremsenstiche brannten und ich hatte Angst, dass meine Beine anschwellen würden. An meinem linken Oberschenkel bildete sich langsam ein riesiges Hämatom, ich hatte mir eine Blase gelaufen, mein Knie blutete. Als ich unter der Dusche stand, bekam ich einen Heulkrampf. Ich war sauer auf Gott! Warum hatte er das zugelassen? Ich war sauer auf die anderen, die einfach in ihrem Tempo davongelaufen waren und jetzt schon beim Abendessen saßen und sich nicht um uns gekümmert hatten. Da traf man schon mal die Entscheidung, etwas für seine Gesundheit zu tun und sich was zuzutrauen, was Überwindung kostet, und dann DAS! Ich konnte einfach nicht glauben, dass mir das alles zugestoßen war!

Jemand klopfte an meine Zimmertür und fragte, ob alles in Ordnung sei. Ich antwortete, ja, ich wäre unter der Dusche. Ich wollte mich nur noch in mein Bett verkriechen, niemanden mehr sehen und nur noch meine Ruhe. ›Gott sei Dank‹ hatte ich ein Einzelzimmer! Die konnten mich alle mal … Und Gott auch!

Irgendwann hörte ich auf zu heulen und mich zu bemitleiden, duschte kalt, trocknete mich ab und beschloss, allen Gefühlen zum Trotz, zum Essen zu gehen und am geplanten Abendprogramm teilzunehmen. Und in dem Moment, als ich das Zimmer verließ, verließen mich auch der Groll, die Verzweiflung und das Selbstmitleid! In mir machte sich ein Gefühl von Stärke, Freude und Stolz breit: Ich hatte es geschafft!

Ich konnte unserer Wanderführerin, die sich heftige Vorwürfe machte, von Herzen vergeben und auch den anderen, die uns davongelaufen waren. Da war nichts in meinem Herzen zurückgeblieben. Seitdem weiß ich, wenn der Feind mir weismachen will, dass ich etwas nicht schaffen kann: Ich kann das schaffen!«

Und darum geht's doch: Dich nicht mit anderen zu vergleichen, aber dich immer mal wieder herauszufordern, deine eigenen Grenzen zu überwinden. In diesem Jahr war Gerlinde wieder mit von der Partie … und lief die Wanderung wieder mit, und zwar ohne Zwischenfälle.

»Wir verstehen nicht immer, warum manche Dinge passieren, die schwierig für uns sind«, meinte sie im Nachhinein. »Es braucht mehr Glauben, durch schwierige Situationen durchzugehen, statt einfach daraus ›befreit‹ zu werden. Aber wenn wir weitergehen und unser Vertrauen auf Gott setzen, werden wir stärker als vorher.« Gerlinde ist weitergegangen!

> »Es braucht mehr Glauben, durch schwierige Situationen durchzugehen, statt einfach daraus ›befreit‹ zu werden.«

Körperwahrnehmung

An unserem letzten Freundinnen-Wochenende bot Maria, eine »von uns«, einen Workshop im Bereich »Körperwahrnehmung« an. Manche Frauen lieben solche Möglichkeiten, sich auszuprobieren, andere müssen sich echt überwinden, überhaupt daran teilzunehmen. Natürlich sind diese Angebote alle freiwillig, aber ich bin froh, dass ich Maria mal wieder »in Aktion« erlebt habe.

Sie hatte im letzten Jahr eine tanzpädagogische Fortbildung bei »Dance & Praise®« gemacht, deren Erfahrungen sie in ihren Workshop einfließen lassen wollte. Sie war so leicht und hatte so eine Freiheit, sich natürlich zu bewegen, dass sie uns alle ansteckte.

»Schaut mal, ich habe hier zehn Bibelverse. Jede darf sich einen aussuchen. Versucht jetzt mal, diesen Vers in einer ›Position‹ darzustellen.« Ich nahm den Vers: »Wie schön klingen die Schritte dessen auf den Bergen, der eine gute Botschaft von Freude und Frieden und Rettung bringt, der zu Zion sagt: Dein Gott ist König!« (Jesaja 52,7) und probierte ihn pantomimisch darzustellen, so gut ich es konnte.

Juliane stellte den Vers dar, wie Maria Jesus zu Füßen saß, jede Frau erklärte ihre Pose und las den entsprechenden Vers vor. Dann kam der nächste Punkt. Wir sollten durcheinander über die Wiese laufen, bis eine Teilnehmerin plötzlich in ihrer Pose »einfror«. Alle anderen froren in der Haltung ein, in der sie sich gerade befanden – und in dieser Ruheposition las die Frau ihren Bibelvers noch einmal vor. Auftauen, weitergehen – bis alle ihren Vers noch einmal dargestellt und vorgelesen hatten.

»In der Fortbildung ging es immer wieder darum, sich selbst liebevoll wahrzunehmen und das auch einzuüben«, erzählte Maria. »Wie stehe ich da? Wie fühlen sich meine Schultern an? Wie steht mein Becken? Wie ist das Gewicht auf meinen Füßen verteilt? Ich habe gelernt, wahrzunehmen und anzunehmen, wie es gerade jetzt bei mir ist, und meine körperlichen Grenzen zu achten«, erzählte Maria.

»Das ist ganz anders als beim Ballett: Da müssen alle gleichzeitig akkurat die gleichen Bewegungen machen und nur dann bin ich richtig und gut. Um neue Bewegungen zu finden und meine Haltung zu verändern, brauche ich ein Gefühl dafür, wie es sich anfühlt, aufgerichtet zu sein und zu wissen, wie sich eine gute Spannung in der Körpermitte anfühlt. Und das habe ich durch ständige Wiederholung, durch Bilder, durch Ausprobieren, Ermutigung und Gelassenheit gelernt. Das ging nicht von heute auf morgen, aber nach einiger Zeit habe ich den Unterschied gespürt. Früher war es mir wichtig, immer mitzuhalten bei Tanzanleitungen, ohne Rücksicht auf blaue Flecken und Schmerzen.

Heute kann ich spüren, wie wohltuend es ist, scheinbar mit dem Boden zu verschmelzen, spiralig auf die Beine zu kommen, um mich dann wieder auf den Boden gleiten zu lassen. Das geschieht inzwischen mit viel weniger Muskelkraft und bringt Freude und Lebendigkeit in mir hervor. Ich habe gelernt, meine Grenzen anzunehmen und mich besser zu spüren. Ich übernehme jetzt die Verantwortung für mich und finde meine eigenen Bewegungen. Heute fühle ich mich in meiner Haut wohler als je zuvor.«

»O Mensch lerne tanzen, sonst wissen die Engel im Himmel mit dir nichts anzufangen.«

Dieser Spruch von Aurelius Augustinus hängt in der Tanzschule, in der mein Mann und ich seit knapp zwei Jahren tanzen. Während ich schon als Jugendliche eine Tanzschule besuchte und mir dadurch die Schritte anfangs ziemlich leicht fielen, tat sich mein Mann schwerer mit dem Merken der Schrittabfolge. Nach einem halben Jahr spürte ich, dass er eigentlich keine Lust mehr hatte. Aber wir blieben dabei, die Tanzstunden wurden für uns zum wöchentlichen Date. Mit der Zeit wurden wir immer besser und auch mein Mann begann Spaß zu haben. Unsere Tanzlehrerin ist sehr geduldig und zeigt die Schritte immer wieder, bis alle in der Gruppe sie beherrschen. Uns geht es gar nicht darum, möglichst schnell ganz viel zu lernen, sondern um den gemeinsamen Spaß. Mittlerweile sind wir über die Grundschritte hinausgewachsen und beherrschen schon so einige Figuren. Wann immer eine Hochzeit oder ein anderes Event ansteht, bei dem getanzt wird, wir sind vorbereitet.

Heike

Wie sieht es mit deinem Bewegungslevel aus? Was macht dir Spaß?

Manchmal gilt es, körperliche Grenzen zu spüren und zu überwinden, manchmal, sie zu akzeptieren. Du brauchst dich mit keinem Menschen zu vergleichen. Wir möchten dich nur dazu ermutigen, so frei und beweglich wie möglich zu sein.

Wir möchten dich nur dazu ermutigen, so frei und beweglich wie möglich zu sein.

Wie geht es dir an Tagen, wo du dich ausreichend an der frischen Luft bewegt hast? Was hast du in deiner Kindheit gerne draußen gemacht?

Übrigens: In unserem Buch »Lebe leichter – Bleibe leichter in einem bewegten Alltag« geht es um genau diese Fragen.

Du bist was Besonderes – Design »made in heaven«

»Wer hat denn diese grauenvollen Bilder von mir gemacht!« Eine Frau hatte auf ihrem Handy ein paar unvorteilhafte Strandbilder von sich entdeckt. Verärgert stellte sie ihre Kinder zur Rede. Die konnten doch nicht einfach Fotos von ihr machen, während sie fix und fertig am Strand eingeschlafen war. Sie sah darauf ja unmöglich aus. »Mami, das war ich«, sagte ihr Sohn. »Du hast so schön entspannt dagelegen. Ich musste dich einfach fotografieren.« Ihre Tochter kam dazu, schaute auf das Bild und meinte: »Ach das Bild, Mama, da bist du einfach nur wunderschön drauf. Das könnte man sofort als Postkarte nehmen.«

Die Frau betrachtete das Bild noch mal und was sie sah, waren eigentlich nur ihre drallen Arme und die Dellen an ihren Oberschenkeln. Aber dann erinnerte sie sich plötzlich wieder an die Wanderung mit ihren Kindern rund um den ganzen See und wie lustig sie es zusammen gehabt hatten. Eigentlich war es ein toller Tag gewesen.

»Dein Körper ist nicht reduziert auf eine coole Optik«, schreiben wir auf Seite 17. Dein Körper ist kein Ausstellungsstück, sondern Ausdrucksmittel für deine kostbare Seele und deinen Geist.

Sag dir doch, wie schön du bist

Dich nicht gehen zu lassen, fängt nicht vor dem Kühlschrank oder dem Kleiderschrank an, sondern in deinem Kopf. Und hier brauchen wir anscheinend besonders viel Nachhilfe: Dieses ständige Zweifeln an dir und deinem Aussehen ist ein völlig unnötiger Freuden- und Krafträuber. Ich entdecke ihn andauernd, bei den tollsten Frauen – und ab und zu auch noch bei mir.

Ich war das Wochenende mit meinem Mann unterwegs. Irgendwann schaute ich rein zufällig mal in den Spiegel, sah, dass ich fast ungeschminkt und nicht geföhnt war, und rief entsetzt: »Oh, tut mir leid, wie sehe ich denn bloß aus!« Sagte mein Mann: »Du siehst doch super aus.« Das sind die Augen der Liebe – während meine Augen selbstkritisch und pingelig waren.

Wie ist es denn mit dir, mal ganz abgesehen davon, wie lange das letzte Kompliment her ist. Kannst du einen liebevollen Blick auf dich richten? Kannst du die kleinen Wahrzeichen deines Lebens, die deinen Körper inzwischen charakterisieren, mit Liebe betrachten? Wir wollen alle alt werden, aber keiner will älter aussehen.

Dich selber nicht wertzuschätzen und dich herunterzumachen sind die unvorteilhaftesten Kleidungsstücke, die es gibt, und sie machen jedes Outfit kaputt. Und verpesten das Klima.

Neulich machte ich einen Spontanbesuch in der Nachbarschaft, um etwas abzuholen. Meine Nachbarin war gerade erst von einer Veranstaltung heimgekommen und richtig schick angezogen. »Gut siehst du aus«, bewunderte ich sie. »Ich bin echt fett geworden«, meinte die Nachbarin und ignorierte das Kompliment gekonnt. Ich hatte gar nicht über ihre Figur nachgedacht und ob sie vielleicht ein Pfund mehr auf den Rippen hatte als beim letzten Besuch. Was ich übrigens bezweifle! Erster Schritt also, falls auch du kein Kompliment stehen lassen kannst und nichts Besseres zu tun hast, als den lieben langen Tag an dir rumzukritisieren: Lass jedes Runtermachen deiner Person, deines Aussehens und der Art, wie du bist, bleiben und richte einen liebevollen Blick auf dich selbst.

Du brauchst auch keine Schönheitskönigin zu sein, um mit dir, deinem Körper und deinem Aussehen Frieden zu schließen. Ehrlich gesagt, du musst es tun. Es ist die Grundvoraussetzung. Du bekommst keinen neuen Körper und auch kein anderes Gesicht.

> Du brauchst auch keine Schönheitskönigin zu sein, um mit dir, deinem Körper und deinem Aussehen Frieden zu schließen.

Vieles an deinem Aussehen stand fest, als deine Mutter noch nicht einmal wusste, dass sie mit dir schwanger war, und ist Teil deiner DNA. Deine Statur, deine Augenform, deine Augenfarbe, die Wangenknochen, deine Haarfarbe. Das alles ist vorherbestimmt. Damals wurde deine Größe festgelegt, dein Knochenbau und welche Struktur deine Haare haben werden. Hey, entspann dich. Manches kannst du ändern, aber vieles auch nicht.

Du hast alles in mir geschaffen und hast mich im Leib meiner Mutter geformt. Ich danke dir, dass du mich so herrlich und aus-

gezeichnet gemacht hast! Wunderbar sind deine Werke,
das weiß ich wohl.

Psalm 139,13f

Was du brauchst, ist der liebevolle Blick auf dich! Betrachte dich mal mit den Augen von jemandem, der dich sehr liebt! Neulich sah ich einen Internetclip, der mich sehr berührte: Eine Frau hatte ein Fotoshooting gebucht, um ihrem Mann ein besonderes Geschenk zu machen: Eine Fotoserie nur von ihr selbst. Die Frau war Mitte fünfzig, hatte eine tolle Ausstrahlung, schöne Kurven und der Fotograf fand, sie sah fantastisch aus.

Beim Begutachten der Bilder am Computer bat sie ihn: »Ich möchte, dass Sie noch meine Cellulitis wegretuschieren. Und bitte auch noch die Schwangerschaftsstreifen und die Speckröllchen und die Falten.« Natürlich erfüllte der Fotograf ihr die Wünsche. Zu Weihnachten überraschte sie ihren Mann mit einem Album mit dreißig tollen Hochglanzfotos.

Zu Jahresanfang meldete sich der Ehemann bei dem Fotografen: »Die Bilder sind wirklich sehr schön«, fing er an. »Aber wissen Sie: Meine Frau und ich sind zusammen, seit wir 18 sind. Wir haben zwei Kinder und sind schon durch viele Höhen und Tiefen gegangen. Die Bilder sind schön, aber Sie haben alles entfernt, was unser gemeinsames Leben ausmacht. Als Sie die Dehnungsstreifen retuschiert haben, haben Sie die Erinnerung an die beiden Schwangerschaften mit unseren Kindern retuschiert. Als Sie ihre Speckröllchen entfernt haben, haben Sie auch ihre Eigenschaft entfernt, genießen zu können. Und als Sie ihre Falten geglättet haben, haben Sie die Jahrzehnte ausradiert, die wir zusammen gelacht und geweint haben. Ich liebe meine Frau so, wie sie ist, und gerade diese kleinen Schönheitsfehler erzählen unsere gemeinsame Geschichte.«

Bei solchen Worten schmelzen wir doch dahin, oder? Schau dich heute mit den Augen der Liebe an. Du hast auch eine Geschichte – und das ist gut so. Wenn es dir schwerfällt, dich so zu akzeptieren, wie du bist, dann stell dir vor, dass Jesus dich gerade anguckt, mit diesem liebevollen Blick. Stell dir das ruhig einmal vor, und zwar so lange, bis du lächelst!

Wenn ich zu Vorträgen unterwegs bin und darüber spreche, wie wichtig es ist, sich »brutto« zu lieben, also komplett als Gesamtpaket, lese ich manchmal die Geschichte unserer Freundin Gaby Wentland vor. Jedes Mal entdecke ich Tränen in den Augen meiner Zuhörer und jedes Mal bittet mich jemand, ihm die Geschichte zuzuschicken. Voilà, jetzt hast du sie schwarz auf weiß, zum Inhalieren.

Eine unglaubliche Liebesgeschichte

Es war einmal ein Prinz. Er war wunderschön und klug. Er hatte einen großen Besitz und alle Macht. Der Prinz lebte mit seinem Vater in einem Palast. Eines Tages sagte er: »Vater, ich wünsche mir eine Prinzessin.« – »Gut«, sagte der Vater, »du hast die Macht. Erschaffe dir diese Prinzessin.« Der Prinz hatte diesen Gedanken schon lange in seinem Herzen getragen – und so erschuf er dich. Er formte dein Gesicht, wählte die passende Augenfarbe, er setzte jedes Haar an deinen Körper. Voller Sorgfalt schuf er jedes Teil an deinem Körper. Als er fertig war, war er begeistert. »Schau, Vater«, sagte er, »so sieht meine Prinzessin aus!« Auch der Vater blickte voller Wohlwollen auf dieses gelungene Werk. »Und nun soll sie auf die Erde geboren werden, meine Prinzessin,« sagte der Prinz. »Sie soll erleben, wie es auf der Erde ist, und ich werde ihr zeigen, wer ich bin und wie ich bin.«

Nun vertraute der Prinz dich einem Elternpaar an. Er wusste, sie würden nicht perfekt sein. Aber er sagte: »Vater, eines Tages werde ich ihr erklären, wie sehr sie liebe. Alles, was sie in ihrem Elternhaus nicht bekommen konnte, werde ich ihr erstatten und es ihr doppelt und dreifach zurückgeben.«

Und dann wurdest du geboren! Der Prinz stand an deinem Bett und war überglücklich.

»Vater, da ist sie! Meine Prinzessin ist da.«

»Meine Prinzessin«, flüsterte der Prinz. »Es kommt der Tag, an dem du erfährst, wie sehr ich dich liebe. Und dann wirst du dein Herz öffnen und auch du wirst mir sagen, wie sehr du mich liebst. Darauf warte ich.«

Er gab dich deinen Eltern zurück und sie zogen dich auf. Du wurdest älter und erlebtest gute und weniger gute Tage. Dann kam eine Situation, die sehr schmerzlich für dich war. Du weintest. Am liebsten hätte der Prinz dir jetzt schon gesagt, dass er alles wieder in Ordnung bringen würde, aber du liefst vor seinem Trost davon und wolltest nicht zuhören. »Es kommt der Tag, da sage ich ihr, dass ich jede Träne von ihrem Gesicht abwaschen werde und alles Zerbrochene wieder heil machen werde. Dass ich alles wiederherstellen werde, was kaputtgegangen ist. Und sie wird mich verstehen.«

Und der Tag kam. Bei einer Veranstaltung hörtest du von IHM. Du warst niedergeschlagen gekommen, aber du hörtest Worte, die tief in dein Herz drangen. Und dann sagtest du: »Jesus, hier bin ich, komm in mein Leben.«

Dieser Tag war der glücklichste Tag für den Prinzen. Er jubelte: »Sie hat Ja gesagt! Sie hat Ja gesagt!«. Er zog dich an seine Brust und flüsterte: »Nun werde ich dir zeigen, wie sehr ich dich liebe. Nun werde ich dir erklären, was ich mit uns vorhabe.«

Am liebsten hätte der Prinz dir gleich alles erzählt, doch der Vater sagte: »Langsam, mein Sohn. Sie kann noch nicht alles verstehen.« Der Prinz stand geduldig an deiner Seite. Jede Freude, jeden Schmerz, jede Träne, jedes Glück, alles empfand er mit dir. Und er begehrte dich die ganze Zeit und behütete dich wie einen Schatz.

Auch jetzt, gerade jetzt, wo du seine Worte liest, will er dir sagen: »Ich bin so stolz auf dich. Ich liebe dich. Ich finde dich wunderschön. Ich habe noch großartige Pläne für dich, Urlaube, Feste. Ich habe Begegnungen vorbereitet und Aufgaben, die du zusammen mit mir ausführen wirst. Und immer will ich mit dir reden wie ein Freund zu seiner Freundin, wie ein Bräutigam zu seiner Braut.« Das ist die wahre Liebesgeschichte von dir und Jesus, eine Geschichte, die gerade erst richtig begonnen hat. Es ist die romantischste Liebesgeschichte der Welt.[3]

Mir kommen jedes Mal die Tränen, wenn ich diese Geschichte lese. Jetzt ist mal egal, ob du dich mit dieser Prinzessin identifizierst oder einfach nur merkst, wie sehr du gewollt und geliebt bist.

Der Wow-Effekt bei dir entsteht, sobald du das wichtigste Kleidungsstück angezogen hast: die Bereitschaft, dich selber zu akzeptieren und wertzuschätzen. Du gehörst zu Gottes Bodenpersonal, zu seiner Crew. Du bist »aus bestem Hause« und hast einen unbeschreiblichen Wert. Du bist ein Mensch mit Würde, Klasse und Stil. Das kann man dir ansehen!

Du brauchst nicht zu versuchen, den Stil von jemand anderem zu kopieren, und auch nicht stundenlang vor dem Spiegel zu stehen. Aber du bist ein Hingucker, eine Attraktion und zwar besonders dann, wenn du ganz du selber bist.

> Du gehörst zu Gottes Bodenpersonal, zu seiner Crew.

Zeig, was in dir steckt. Pflege das, was Gott dir gegeben hat. Du sollst genauso lebendig und glücklich aussehen, wie du dich fühlst. Sei du selbst! Und zwar die beste Ausgabe! Alle anderen gibt es schon!

Wenn du dich gut angezogen und wohl in deinen Kleidern und deiner Haut fühlst, löst das gleich die nächste Endorphinausschüttung aus. Es lohnt sich also doppelt.

Welche Wunder in der Natur du auch bestaunen könntest, die Berge, das Meer, die Tierwelt, von den Muscheln bis zu den Perlen, von den Korallenriffs bis zu den Flamingos, das Letzte, was Gott geschaffen hat, war die Frau. Ob du es glaubst oder nicht: Du bist die Krone der Schöpfung. Du bist die Frau mit dem Wow-Faktor.

PASS GUT AUF DICH AUF

Rhythmus und Struktur

Meine Freundin Margit ist gerade noch mal an einem Burn-out vorbeigeschrammt. Sie ist, wie ich, Mitte fünfzig und war wegen chronischer Überlastung und Erschöpfung ein paar Wochen zur Kur gewesen. Nun erzählte sie mir, was der Professor ihr empfohlen hatte: Sie solle auf »Rhythmus«, »Routine« und »Ausdauer« achten. Ehrlich gesagt, das traf bei ihr den Nagel auf den Kopf. Denn sie hatte einige typische Lifestyle-Gewohnheiten, die viel von ihrer Energie geschluckt hatten.

Margit ist Freiberuflerin. Sie arbeitet viel und nimmt die Aufträge an, wie sie kommen. Bisher lief das bei ihr so: Wenn sie ein Projekt fertig bekommen wollte, schlug sie sich auch schon mal eine Nacht um die Ohren. Sie powerte einfach durch, bis der Auftrag erledigt war, ohne Einteilung ihrer Kräfte. Danach hatte sie dann wieder frei. Einen festen Tagesrhythmus – und erst recht feste Essenszeiten – gab es bei ihr nicht.

Wenn abends ein spannender Film lief, den sie zu Ende sehen wollte, blieb sie auch weit nach Mitternacht noch sitzen. Wenn sie freihatte, surfte sie stundenlang im Internet und vergaß dabei die Zeit. Am Wochenende oder in ihrer Freizeit schlief sie, solange sie konnte. Die meiste Zeit hielt sie sich in geschlossenen Räumen auf. Tageslicht und Sonne nahm sie fast nur von ihrem Platz am Schreibtisch aus wahr, der Arbeits- und Ausgleichplatz zugleich war. Körperlich wurde sie immer inaktiver.

Im Winter wollte ich sie mal zu einem Spaziergang überreden: »Es ist so kalt!« Margit schüttelte sich. »Hey, es scheint schon den ganzen Vormittag die Sonne?« – »Egal! Bei der Kälte geh ich sowieso nicht raus.« Ich erinnerte mich gnädig an längst vergangene Zeiten, wo mich bei Kälte auch keiner hinter dem Ofen hervorgelockt hätte, und zog alleine los.

Ich habe den Spaziergang bei dem klaren Winterwetter genossen und neben Sonne auch noch Vitamin D getankt, meine Abwehrkräfte gestärkt, die Fitness gesteigert – und die Laune. Zeit ist eigentlich nie das Problem. Das Wetter auch nicht. Wo die Ausreden aufhören, beginnt die Veränderung. Aber zuerst müssen wir realisieren, wie gut unserem Körper so eine Auszeit tut. Und die frische Luft. Beides am besten täglich.

Wo die Ausreden aufhören, beginnt die Veränderung.

Weil Margit so spät ins Bett ging und oft erst spätabends aß, fiel das Frühstück meistens aus. Sie »snackte« den ganzen Tag und aß eigentlich selten eine richtige Mahlzeit. Und sie wunderte sich, dass das Gewicht trotzdem in die Höhe ging.

Je mehr sich dein Leben in einem guten Rhythmus befindet, desto besser geht es dir. So hat Gott uns gemacht. Mit einem Tag-Nacht-Rhythmus. Mit dem Tag zum Arbeiten, genügend Pausen, viel Tageslicht, dem Abend zum Ausruhen und der Nacht zum Schlafen.

Auch ich bin selbstständig und kenne die Fallen, die Margit irgendwann zu schaffen machten. Aber unser Familienleben hat mir von jeher eine zeitliche Struktur vorgegeben, die mir zugutekommt. Egal, wie lange ich abends gearbeitet habe, ich muss spätestens um 6.30 Uhr aufstehen. Und weil in unserem »Pastorenhaushalt« auch die Wochenenden »vorherbestimmt« sind, gibt's hier fast keine Ausnahmen. Auch ohne Wecker wache ich immer kurz vor 6.30 Uhr auf!

Sobald die Temperaturen es zulassen, verlege ich mein Mini-Büro auf die Terrasse. Mir hilft schon das Wissen, dass Licht und Sonne für meine Gesundheit wichtig sind. Tageslicht und die Natur stärken die innere Uhr und du tankst Energie. Außerdem werden deine Vitamin-D-Speicher aufgefüllt.

60 Prozent der deutschen Bevölkerung sind unzureichend mit Vitamin D versorgt und die Apotheken vertreiben verschiedene Mittelchen, um hier Abhilfe zu schaffen. Aber die Sonne scheint kostenlos vom Himmel und ist immer noch die erste Wahl, finde ich. Wir müssen nur rausgehen.

Viele Sonnencremes haben übrigens einen so hohen Schutzfaktor, dass sich nur schwer Vitamin D bilden kann. Je mehr unbedeckte Haut du an die Sonne lässt, desto besser kann sich das Vitamin D bilden. Natürlich meine ich damit kein exzessives Sonnenbaden. Du sollst schließlich keinen Sonnenbrand durch unvernünftiges und ungeschütztes »Braten« in der Sonne riskieren. Alles mit Maß, okay?

Margit geht's inzwischen gut! Aber die alten Muster werden gerade in stressigen Zeiten wieder bei ihr anklopfen. Rhythmus, Routine und Ausdauer lernt man nicht in einem 12-Wochen-Kurs. Manche haben's im Blut – für manche ist es eine lebenslange Aufgabe.

Mehr zum Thema »Leben im Einklang und im Rhythmus der Schöpfung« findest du in unserem Buch »Leibe leichter – Bleibe leichter in einem bewegten Alltag«.

Gott schuf auch deine Grenzen

Es war zwei oder drei Jahre nach meinem Wiedereinstieg in den Beruf. Ich versuchte, so gut es ging, den Anforderungen von Familie, Haushalt und Berufstätigkeit gerecht zu werden, allerdings klappte das nur mit viel Disziplin. Schriftliche Aufgaben verlegte ich auf den Abend, wenn es ruhiger in unserem Haus geworden war und ich konzentriert arbeiten und denken konnte. Dann machte ich meine Abrechnungen, Statistiken, den Schriftverkehr und bereitete mich auf die Themen meiner Kurse in der Woche vor. Hinzu kam, dass ich ständig so geniale Ideen hatte, was ich noch alles zusätzlich anzetteln könnte, um ein bisschen Feuer in die Kiste zu bringen, wie ich das nannte.

Keiner bat mich, in der Weihnachtszeit Spendenaktionen zugunsten »Der Tafel« durchzuführen, einen Galaabend für meine Teilnehmer zu geben oder einen Bücherflohmarkt mit meinen Sonntagsschulkindern anzuleiern. Keiner erwartete von mir, dass ich Frauentage veranstaltete oder gar Bücher schrieb. Mein Mann schlug immer wieder die Hände über dem Kopf zusammen und fragte mich, warum in aller Welt ich mir das antat.

Die Wahrheit war: Es machte mir einfach Spaß. Alltag mit Glitzer, da freute ich mich schon beim Aufstehen auf die Herausforderung. Außerdem wirkten meine guten Ideen belebend und ansteckend auf andere. Irgendwann merkte ich, dass ich nicht mehr so gut einschlafen konnte. Theoretisch hätte ich todmüde sein müssen, aber ich schlief einfach nicht ein. Zuerst schob ich es auf den Kaffee. Darum trank ich nur noch morgens koffeinhaltigen Kaffee, aber das Problem löste sich nicht. Über Monate lag ich nachts stundenlang wach und schlief manchmal erst in den Morgenstunden ein. Da musste ich natürlich trotzdem aufstehen. Weder Baldrian noch andere »Hausmittelchen« halfen. Schlaftabletten ließ ich schnell wieder bleiben, da mich das Risiko einer schnellen physischen, aber auch psychischen Abhängigkeit abschreckte.

Es machte mir einfach Spaß. Alltag mit Glitzer, da freute ich mich schon beim Aufstehen auf die Herausforderung.

Natürlich ahnte ich, was los war. Ich hatte ein typisches Lifestyleproblem, ein bisschen wie Margit. Das späte, konzentrierte Arbeiten am Rechner hielt mein Gehirn auch nach Beendigung der Aufgaben im Bett noch wach. Außerdem signalisierte das blaue Licht des Computerbildschirms meinem Körper: »Jetzt ist Tag«, was die abendliche Melatoninausschüttung verhinderte.

Einen gesunden Lebensstil gibt's leider nicht in der Apotheke! Wieder einmal musste ich die Bremse ziehen. Die Versuchung, Liegengebliebenes am Abend wegzuarbeiten, ist bei mir nach wie vor groß. Solche Angewohnheiten kann man nicht einfach aus dem Fenster werfen und sie sind für immer vorbei. Aber ich habe sie Tritt für Tritt die Treppe runtergeschubst. Im Moment sind sie ungefähr auf der drittletzten Stufe.

Meine Lieblingslösung für guten Schlaf heißt inzwischen, auf einen guten Tagesrhythmus zu achten. Möglichst zur gleichen Zeit aufstehen. Morgens früh mit den Aufgaben anfangen, die ich mir vorgenommen habe oder die anstehen. Morgens ist meine Konzentration am höchsten und ich habe den meisten Schwung. Je geregelter und rhythmischer ich lebe, desto leichter mache ich es meinem Körper. Der Tag ist zum Arbeiten, der Abend für die Freizeit und die Nacht zum Schlafen. Es gelingt mir immer öfter, kleine Ausnahmen bestätigen die Regel.

Powernap statt Dauersnack

Während meiner Schwangerschaften habe ich mir regelmäßig ein Mittagsschläfchen gegönnt. Mein Körper war am frühen Nachmittag einfach ausgepowert und gab mir das unmissverständlich zu verstehen. Dieses Ritual habe ich – auch ohne schwanger zu sein – wieder eingeführt. Obwohl ich viel zu tun habe, sage ich mir: »Ich kann es mir leisten.«

Ich merke, wie gut mir die selbst verordnete Mittagspause tut. Ich stelle mir den Wecker, damit ich nicht den Nachmit-

Ich halte mich nicht in jeder Lage für unersetzlich, sondern erlaube mir, mitten am Tag meine Batterien aufzuladen.

63

tag oder anstehende Termine verschlafe, aber meist wache ich schon nach 20 Minuten erfrischt wieder auf. Von Jesus lernen heißt für mich, mich auf die wichtigen Sachen zu konzentrieren. Ich halte mich nicht in jeder Lage für unersetzlich, sondern erlaube mir, mitten am Tag meine Batterien aufzuladen.

Erholung am Wochenende

Heikes Mann war für eine ganze Woche unterwegs und sie hatte sturmfreie Bude. »Was ich in dieser Zeit alles erledigen könnte«, dachte sie am Anfang der Woche. Aber dann stellte sie fest: Bis auf den Samstag war ihre Woche ja schon komplett verplant. Zwei Termine in der Schule ihrer Tochter, ein Nachmittag mit einer Freundin, ihre Bürozeit, die Lebe-leichter-Kurse und ein Ausflug zum Skifahren mit ein paar Freunden. Nur samstags stand noch nichts in ihrem Terminkalender.

> Ich überlegte hin und her, ob ich evtl. ein paar Freundinnen zu mir einlade, oder mit einer von ihnen ausgehe. Und dann entschied ich mich für das Alleinsein zu Hause.
>
> Ich nahm mir nichts vor. Weder Arbeit noch Vergnügen, lebte einfach in den Tag hinein.
>
> Nachmittags machte ich einen ausgiebigen Spaziergang. Abends saß ich alleine mit einem Buch auf dem Sofa. Ich bin meistens sehr aktiv, gerne mit anderen zusammen, aber hin und wieder brauche ich Zeit mit mir alleine.
>
> *Heike*

Mitten in deinem Alltag Oasen zu finden, ist nicht nur erlaubt, sondern dringend notwendig! Es steht schon in der Bibel, dass wir unseren Nächsten lieben sollen wie uns selbst und dass alles unter der Sonne seine Zeit hat. Du brauchst also nicht immer »durchzupowern«, sondern darfst dir auch Zeit zum Auftanken gönnen.

Letzten Samstag habe ich mir einen gemütlichen Oasen-Tag gegönnt. Der Verlag, in dem unsere Lebe-leichter-Bücher erschienen sind, hatte mir zum Geburtstag einen dicken Wälzer der Marke Thriller geschenkt, der mich seit Monaten freundlich aus dem Regal heraus anlächelte.

Ganz spontan und ohne Vorwarnung kündete ich meinen Lieben meine gedankliche Abwesenheit an und versenkte mich noch am Frühstückstisch in die 511 Krimi-Seiten. Kurz unterbrochen von einem Minieinkauf und einem Minieinsatz in der Küche habe ich nachts um 0.13 Uhr hochzufrieden das fertig gelesene Buch aus den Händen gelegt!

Beate

Wer eine sehr aktive Woche hat, sollte am Wochenende mal einen Gang runterschalten.

Für mich ist das Kontrastprogramm »Leseluxus«, der komplette Gegensatz zu meinem Alltag. Aber vielleicht sitzt du die ganze Woche »an deinen Bürostuhl getackert« vor dem Computer?

Was brauchst du, um zu regenerieren? Welcher Ausgleich tut deinem Körper und deiner Seele gleichzeitig gut? Die gleiche Arbeit wie die, die du die ganze Woche gemacht hast, ist es nicht, so viel kann ich dir schon mal verraten…

Sonntags

Weil unsere Männer Pastoren sind, stehen am Wochenende auch die Veranstaltungen unserer Gemeinde im Kalender. Diese »Wie-erhole-ich-mich-am-Wochenende-Frage« betrifft im Grunde alle, die sich ehrenamtlich und verbindlich in einer Gemeinde engagieren. Meistens sind sie am Sonntagvormittag nämlich in einem Gottesdienst.

Als unsere Kinder noch klein und ich noch kein Körperflüsterer war, hatten wir sonntags nach dem Gottesdienst oft Gäste. Ich erinnere mich an viele schöne Momente. Aber genauso gut erinnere ich mich an lange Vorbereitungssamstage in der Küche, damit das Essen für den vielen Besuch vorgekocht und die Kuchen gebacken waren. Auch wenn ich nie den Anspruch hatte, Promidinner zu veranstalten, erforderte das alles ganz schön viel Einsatz.

Einkaufen, zubereiten, Tische decken, servieren, spülen ... Ich hab das nie mit links gemacht, auch wenn das für manche so aussah. Die Gaben der Haushaltsführung sind natürlich auch ungleichmäßig verteilt und es gibt durchaus Gastgeber, die mit wachsender Besucherzahl erst so richtig in Schwung kommen. Zu der Sorte gehöre ich bis heute definitiv nicht.

Irgendwann haben wir die Gästezahlen stark zurückgeschraubt. Ein bisschen schade, aber jeder muss seinen Weg finden, Ruhepausen in seine Woche einzubauen. Keiner kann alles machen und keiner ist für alles gleich begabt.

Dafür sind wir sonntags lange in den Gemeinderäumen geblieben, wo unsere Kinder mit Gleichaltrigen weiterspielen konnten, während wir bei Kaffee und Kuchen genau mit den Menschen zusammensaßen, die uns sonst besucht hätten. Auch jetzt, wo unsere Kinder fast alle erwachsen sind, sind meine Sonntage nicht »chillig«. In meinem Blog habe ich einen Eintrag von einem für mich typischen Sonntag gefunden, da kannst du mal lesen, wie es an diesem Tag bei mir so zugeht.[4]

Ich liebe es, sonntags früh aufzustehen, und genieße das ruhige Haus. In Ruhe duschen und im Morgenmantel ein paar Tassen Kaffee trinken. Um 8.30 Uhr mit dem Liebsten frühstücken, wobei wir Alltagsfrühstück haben. Keine Brötchen, kein Ei, same procedure as every day.

Bekomme gerade eine WhatsApp der glücklichen Braut vom Vortag, deren Hochzeit ich verpasst habe, weil ich gestern auf einem Seminar war. Sie schickt mir um 9.00 Uhr Brautbilder und bedankt sich fürs Beten. Immerhin war Würzburg nur deshalb fast völlig regenfrei, weil wir anlässlich der Hochzeit und der grauenhaften Wettermeldungen stundenlang Wolken verschoben haben.

Mein Mann, der Pastor, fährt schon mal in unsere Gemeinde, während ich ein paar Weckversuche bei unserem Jüngsten starte. Manchmal klappt's, manchmal nicht. Ungefähr um 9.30 Uhr fahre ich allein zum Gottesdienst.

Volles Haus, ungefähr 250 Gottesdienstbesucher. Meine Aufgaben am Sonntag halten sich in Grenzen. Ab und zu moderiere ich unsere Gästegottesdienste, gestern war ich nur für die Ansagen zuständig. Nach dem Gottesdienst langes Gespräch mit Besuchern, die vorher noch nie in einer Freikirche waren, ganz angetan sind und viele Fragen haben. »Willst du einen Kaffee?«, fragten mich die Mädels, mit denen ich mich noch wegen dem anstehenden Freundinnen-Wochenende zusammensetze. »Nein, ein Wasser bitte!« Gegen 13.30 Uhr sind wir wieder zu Hause und ich muss mich sputen. Wir haben nur eine Stunde, bis wir wieder wegfahren.

Kein Sonntagsessen. Schnell einen Dinkelpfannkuchen für den Mann und Pastor gezaubert, Mann glücklich. Mein 20-jähriger Sohn, inzwischen erwacht, entsetzt, weil heute nichts »Richtiges« gekocht wird. Als schuldbewusste Mutter bereite ich Dinkelpfannkuchen II vor, um den Sohn vor dem Hungerkoma zu bewahren. Für mich selbst reicht es nur für eine Kleinigkeit. Um 14.30 Uhr starten wir mit voll besetztem Auto in die Rhön...

Einmal im Monat sind wir Sonntagsnachmittags in Bad Neustadt und feiern in einer Mehrzweckhalle Gottesdienste. Der Raum füllt sich... Jedes Mal ist es spannend, wer kommt. Unser Wunsch ist, dass dort eine Gemeinde entsteht. Gibt's bisher nicht. Schöner Gottesdienst. Gegen 18.30 Uhr geht's zurück Richtung Würzburg.

Im Auto checke ich mit dem Handy Mails und Nachrichten... Töchterlein 1 hat geschrieben... Ich beschließe, nicht mit zum Heilungsgottesdienst in unsere Gemeinde zu fahren, sondern nach Hause, um mit der verstreuten Familie zu telefonieren.

Sonntägliches Telefonat mit meiner 85-jährigen Mutter und meiner Tochter. Sende meinen Teilnehmern schnell noch eine Zwischenmotivation mit dem Hinweis »Ich sehe dich« und feile an einem fast fertigen Artikel.

Um 21.45 Uhr Anruf der Tochter 3 von der Spätschicht, ob ich sie ausnahmsweise abholen kann... Gerne! Tochter 2 schreibt, dass wir morgen telefonieren. Ein ganz normaler Sonntag. Dass es kein Sonntagsessen und keinen Kuchen gab, habe ich gar nicht gemerkt!

Beate

Aber du merkst was, nicht wahr?

Wenn die Sonntage so ausgefüllt sind, ist das zwar einerseits wirklich schön, aber Körper und Seele brauchen trotzdem Zeit zum Regenerieren, auch wenn man liebt, was man tut, und mit Leidenschaft lebt. Durch meine Selbstständigkeit kann ich montags ein bisschen leiser treten. Das nennen wir unseren »blauen Montag« oder besser, Pastorensonntag. Während ich also montags Ausruhtag habe, hat Heike an diesem Tag die meiste Energie und bekommt richtig viel geschafft. In einem Blogeintrag schreibt sie:[5]

Ich bin meistens total ausgeruht vom Wochenende. Auch wenn ich samstags unterwegs bin, auch wenn Gemeindeveranstaltungen dabei sind, auch wenn das ein oder andere Mal eine Besprechung stattfindet: Meistens ist es so, dass ich am Wochenende einen Gang runterschalte. Samstag wie Sonntag. Bin ich samstags beruflich unterwegs, muss ich nicht zu Hause auch noch schuften. Selbst den Sport schraube ich am Wochenende etwas zurück. Ich bewege mich genug in der Woche. Ich versuche, am Wochenende nicht am Rechner zu sitzen. Wundere dich also nicht, wenn du auf eine Mail von Freitagabend erst am Montag eine Antwort bekommst. Ich lese sie meistens vorher nicht. Sonntags wird bei uns nicht gearbeitet. Das hat mein Mann schon zu Beginn unserer Ehe so eingeführt. Sonntags ruhen wir von dem, was wir während der Woche geschaffen haben. Sonntags besuchen wir den Gottesdienst und dann haben wir Zeit. Für Familie, für Freunde und für uns selbst. Wenn dann montags der Wecker klingelt, bin ich fit für die kommende Woche.

Heike

Wie erholsam sind deine Wochenenden? Wann nimmst du dir Zeit zum Ausruhen?

Kannst du dir arbeitsfreie Tage gönnen? Wo ist dein Ort zum Kraftschöpfen?

Gottesdienst als Ort zum Auftanken

Heike und ich erleben also den Erholungsfaktor des Wochenendes trotz vieler Ähnlichkeiten verschieden. Was aber gleich ist: Der Gottesdienst am Sonntag ist für uns eine Oase, um geistlich aufzutanken. Eine Gemeinde ist kein Verein wie eine Handballmannschaft oder eine Interessengemeinschaft wie ein Tierschutzverein oder ein Gospelchor. Auch solche Zugehörigkeiten können natürlich die Seele satt machen und unseren Beziehungshunger stillen. Aber Gemeinde ist nach biblischem Verständnis ein Stück Himmel auf Erden. Hier tanken wir ganzheitlich auf.

Heike und ich sind in einer Freikirche, aber wir kennen viele Menschen, die ihre Heimat in einer Gemeinde der evangelischen oder katholischen Landeskirche gefunden haben. Gott hat viele Wohnzimmer. Hauptsache, du findest einen Ort, wo du gemeinsam mit anderen Christen Gott begegnest.

Vielleicht bist du mal enttäuscht worden, weil es dort gemenschelt hat, wo du gewesen bist. Vielleicht hast du dich zurückgezogen, weil du Erwartungen gespürt hast, denen du dich nicht gewachsen gefühlt hast. Gib dich nicht damit zufrieden, Gott in der Natur zu erleben. Fernsehgottesdienste und Predigten auf YouTube sind eine super Möglichkeit, Gottes Wort zu hören, wenn du mal nicht am Gottesdienst teilnehmen kannst. Aber zusammen mit Glaubensgeschwistern, die du kennst und die dich kennen, zu singen, zu beten und auf das Wort Gottes zu reagieren, ist eine völlig andere Liga.

Heike und ich sind verliebt in unsere Gemeinden – und ich glaube, Gott auch.

ENTWICKLUNGEN IN DEINEM KÖRPER

Wachstum vorgesehen

> Du hast zugesehen, wie ich im Verborgenen gestaltet wurde,
> wie ich gebildet wurde im Dunkel des Mutterleibes.
> Du hast mich gesehen, bevor ich geboren war.
> *Psalm 139,15 f*

Abgesehen von Unfällen ist alles, was in unserem Körper geschieht, Entwicklungen unterworfen. Schon bei deiner Zeugung, als du noch nicht mal stecknadelkopfgroß warst, wurde deine einzigartige DNA gebildet. Jeder Quadratzentimeter Haut, jede Zelle deines Körpers und jedes Haar trägt diese DNA in sich! Obwohl schon damals alle Organe komplett in dir angelegt waren, hat es neun Monate gedauert, bis deine Zeitrechnung hier auf der Welt begann. Und auch nach der Geburt setzte sich deine Entwicklung weiter rasant fort.

Und auch nach der Geburt setzte sich deine Entwicklung weiter rasant fort.

Jeder von uns war mal 53 Zentimeter groß, jeder hat mal 3500 Gramm gewogen bzw. 56 Kilo, irgendwann mal. Die Knochen sind gewachsen, die Organe, die Zähne. Die Fingernägel und die Haare wachsen und wachsen und es finden ständig weitere Umbau- und Erneuerungsprozesse in unserem Körper statt.

Mein Körper – mein Problem

Aber auch Krankheiten und Unverträglichkeiten sind Prozesse vorausgegangen, und mit den Jahren zeigt sich unsere Vergänglichkeit. Unser Körper lebt nicht ewig. Je älter ich werde, desto mehr klingeln mir die Ohren von den gesundheitlichen Problemen in meinem Freundes- und Bekanntenkreis.

»Ich fühl mich wie eine Wanderbaustelle«, stöhnte meine Freundin neulich. Mal sind es verschiedene Allergien, die ihr zu schaffen machen, mal spielt ihre Haut verrückt. Eine Zeit lang litt sie unter Haarausfall. Ihre Blase ist oft entzündet und die Bandscheiben machen sich sowieso schon seit Jahren bei ihr bemerkbar. Eigentlich ist ständig was anderes. Ihr ganzer Körper ist ein Problem.

Andrea, eine andere Bekannte, hat eine Lebensmittelunverträglichkeit und dauernd Bauchweh. Weil die Ursache noch unklar ist, findet sie das ganz normale Essen im Moment ziemlich kompliziert. Immer muss sie vorher abchecken, ob sie das auch verträgt.

Michael, der seit Jahren Dialysepatient ist und dreimal in der Woche zur Blutwäsche in die Uniklinik muss, denkt: »Na ja, eine Lebensmittelunverträglichkeit. Wenn ich mal nur Andreas Probleme hätte, wäre ich glücklich.«

Frank hat seit acht Jahren Parkinson. Gaby hatte Brustkrebs, aber ist nun schon ein paar Jahre krebsfrei. Cordula hat Bluthochdruck. Marion aus meinem Lebe-leichter-Kurs hat 70 Kilo Übergewicht. Verena hat höchstens drei oder vier Kilo zu viel, die sie nerven.

Marion findet, Verena hat eigentlich kein Problem. Sigrid ist gar nicht krank. Aber wenn sie in den Spiegel schaut, ist sie total frustriert. Sie hasst ihren Körper.

Ob es nun Krankheiten sind, die dem Körper zu schaffen machen, oder der Lebensstil Spuren hinterlassen hat: Der Mensch in diesem

Körper leidet und sein Problem ist für ihn groß, ganz egal, wie ein anderer das beurteilt.

Machst du dir gerade Sorgen um deine Gesundheit? Bist du mit Beschwerden, vielleicht sogar mit Schmerzen aufgewacht und hast Angst, wie es mit dir weitergeht? Einer der Namen Gottes ist Jahwe Rapha. Das bedeutet: »Ich bin der Gott, der dich heilt.« Ein Freund drückte es einmal so aus: Die gesündeste Art zu leben, ist, mit Gott zu leben! Gott hat jederzeit Sprechstunde und du bist sein kostbarster Patient.

> Die gesündeste Art zu leben, ist, mit Gott zu leben! Gott hat jederzeit Sprechstunde und du bist sein kostbarster Patient.

Manchmal verschwindet eine Krankheit schnell und dein Körper braucht nur Zeit und die Möglichkeit, sich zu erholen. Mal brauchen wir einen Arzt. Mal greift der Oberarzt im Himmel ein. Lass dir keine Angst einjagen und starre nicht zu lange auf die Krankheit.

Richte deinen Blick auf Jahwe Rapha, deinen Arzt, und bitte ihn um Hilfe! Er heilt auch heute noch und dazu hat er verschiedene Strategien für dich.

Auf die Schwachstellen achten

Ich war als Sprecherin zu einem Frauenwochenende auf den Dünenhof an der Nordsee eingeladen worden. Seit drei Jahren war ich wieder berufstätig, leitete mehrere Ernährungskurse in der Woche und soeben war Heikes und mein erstes Buch erschienen. Darum sollte es an diesem Wochenende gehen. Es hatten sich mehr als 70 Teilnehmer angemeldet und ich arbeitete in der Woche vor dem Wochenende meine Liste ab, was noch alles getan werden musste, bevor ich verreisen würde.

Da meldete sich meine persönliche Schwachstelle, mein Hals. Zuerst war es nur ein Kratzen. Daraus entwickelte sich eine leichte Heiserkeit, aber schließlich blieb mir komplett die Stimme weg.

Ich merkte, dass ich meinen Hals schonen musste, und holte mir für die Moderation meiner Ernährungskurse in der Woche vor der Reise Unterstützung: Martina begleitete mich überallhin, ich flüsterte ihr zu, was sie sagen sollte, und sie lieh mir quasi ihre Stimme. Das war lustig und passte genau zu meinem Arbeitsstil: »Wenn Plan A nicht funktioniert, nimm Plan B.«

Aber natürlich war Plan B trotzdem zu anstrengend. Außerdem ist Flüstern noch schädlicher für die Stimmbänder als normales Sprechen. Ich hatte gehofft, meine Stimme würde zum Wochenende wieder zurückkehren, aber trotz Schonung, Lutschpastillen und literweise heißem Wasser blieb ich sprachlos. Ziemlich verzweifelt holte ich mir einen Termin beim Hals-Nasen-Ohren-Arzt und wäre bereit gewesen, alles über mich ergehen zu lassen, inklusive Injektionen in den Kehlkopf, wenn ich nur meine Stimme zurückbekommen würde.

Aber es war zu spät. Nichts ging mehr. Ich musste das komplette Wochenende absagen. Die Lektion saß. Ich blieb noch ziemlich lange stumm und bis ich wieder richtig singen konnte, verging fast ein halbes Jahr. Seitdem beachte ich die Signale meines Halses sofort. Er ist und bleibt mein Indikator dafür, wenn mein Körper Ruhe braucht.

Ich möchte besser mit meinen Kräften haushalten und die 2/3-Regel beachten. Auf Dauer leistungsfähig und gesund bleibt der, der seine körperliche und seelische Leistungsfähigkeit nur zu

zwei Dritteln ausschöpft. Ein Drittel der Kraftreserven brauchen
wir für unvorhergesehene Belastungen und kurzfristige Hoch-
leistungen.

Beate

Das war die Kopf-Erkenntnis aus meinen Power-Jahren mit Anfang
30 und diese Lektion buchstabierte ich mit Mitte 40 noch mal am
eigenen Hals durch. Nicht dauerpowern. Körperflüsterer werden und
die Warnsignale des Körpers beachten.

Nach meiner letzten Wochenendausbildung flüsterte mein Körper:
»Pass auf dein Hälschen auf.« Und so setzte ich mich abends mit Tee
und Kakao in meinen Lieblingssessel und machte es mir mit einem
schönen Buch gemütlich.

Kämpft mein Körper heute mit irgendwelchen Eindringlingen,
nehme ich die Warnsignale inzwischen meistens rechtzeitig wahr und
reagiere sofort mit Schongang. Statt mehrmals im Jahr wegen Krankheit »auszufallen«, trete ich öfter mal kürzer, aus eigener Einsicht.

1. Signal: Bleierne Müdigkeit. Mein Körper braucht alle Kraft zum
Orten und Eliminieren des oder der Ganoven.

2. Signal: Kein Hunger. Mein Körper braucht Kraft, um alle Ein-
dringlinge ins Immunsystem aufzuspüren und zur Strecke zu bringen.

3. Signal: Durst. Mein Körper braucht Flüssigkeit, um die Ganoven
in einen Schwall hinauszubefördern.

Ich mache schön langsam, sitze an der warmen Heizung oder mit
meinem Dinkelkissen im Lieblingssessel, trinke Wasser und Tee, was
das Zeug hält, und bin so wenig wie möglich unterwegs. Ich ärgere

meinen Körper auch nicht durch überflüssigen Ballast, esse bewusst wenig, damit er seine Kraft der Beseitigung der Krankheitserreger widmen kann. Ich widerstehe zusätzlicher Energieräuberei und warte geduldig, bis meine Lebensgeister zurückkehren. Und bin ein bisschen stolz, dass ich inzwischen gelernte Körperflüsterin geworden bin. Zusätzliche Unterstützung: Heinz-Rühmann-Filme rauf und runter gucken. Allein oder mit anderen!

Heikes Schwachstelle ist ihre Blase:

Meine erste Harnwegsinfektion mit beginnender Nierenentzündung hatte ich mit fünf Jahren. Damals lag ich zwei Wochen im Krankenhaus. Heute bekomme ich bei beginnenden Beschwerden Antibiotika. Während anderen Menschen emotionale Herausforderungen oder Stress auf den Magen schlägt, ist es bei mir die Blase. Mein Immunsystem ist dann oft zu schwach, um den Bakterien zu widerstehen. Ich muss einmal mehr auf warme Kleidung, ausreichend Flüssigkeit und einen ausgeglichenen Lebensstil achten. Eine kleine Unachtsamkeit, und schon sind die Schmerzen da. Physischen Ursachen kann ich vorbeugen, aber gegen seelische Herausforderungen kann ich mich nicht immer wehren.

Heike

Es gibt körperliche Schwachstellen und seelische, und oft zieht das eine das andere nach sich: »Wie schaffst du das alles?«, wird Heike manchmal gefragt. Wer sie kennt, weiß, dass sie nicht alles schafft.

Ich gehöre sicherlich zu den Menschen mit einem hohen Leistungsvermögen. Das sind meine genetischen Anlagen, damit bin ich ausgestattet. Das hat Gott in mich hineingelegt. Ich scheue die Arbeit nicht und bekomme ziemlich viel an einem Tag geschafft. Womit ich eher Schwierigkeiten habe, das sind emotionale Herausforderungen.

Durch unser großes Familien- und Beziehungsnetz bin ich solchen Herausforderungen oft ausgesetzt und das raubt mir häufig die Kraft. Ich besitze eine hohe Sensibilität für Stimmungen der anderen und kann mich dem oft nicht entziehen. Da ich das nicht immer zu meiner Baustelle machen kann, muss ich lernen, diese Dinge an Gott abzugeben. Meine Kraft reicht dafür nicht aus. Aber wenn ich Jesus um ebendiese Kraft bitte, dann kann ich loslassen. Das funktioniert oft, aber nicht immer. Und dann meldet sich sofort mal wieder meine Blase. Dann weiß ich, dass ich meiner Seele mal wieder zu viel zugemutet habe.

Heike

Keiner kann alles tun. Weder körperlich noch seelisch. Nur wenn du auch selbst gut für dich sorgst, wirst du ein gesundes Leben haben. Eine Schwachstelle zu haben, ist nicht schlimm. Aber wenn du sie ignorierst und dich immer wieder darüber hinwegsetzt, können sich daraus handfeste Krankheiten entwickeln.

Eine Schwachstelle zu haben, ist nicht schlimm. Aber wenn du sie ignorierst und dich immer wieder darüber hinwegsetzt, können sich daraus handfeste Krankheiten entwickeln.

Überprüf mal wieder: Wo sind deine Schwachstellen?

>»Geh du vor«, sagte die Seele zum Körper. »Auf mich hört er
nicht. Vielleicht hört er auf dich.« – »Ich werde krank werden,
dann wird er Zeit für dich haben«, sagte der Körper zu Seele.
Ulrich Schaffer

Unser Lebensstil hat Folgen

Matthias gehört zu unserem Freundeskreis und wir kennen uns schon
viele Jahre. Er ist ein positiver, aktiver Mensch und lebt bewusst mit
Gott. Mit Mitte dreißig ging es mit seiner Gesundheit bergab. Einige
unverarbeitete Probleme und die viele Arbeit in seinem Beruf machten ihn nervös. Er begann, Psychopharmaka zu nehmen, um sich zu
beruhigen und schlafen zu können. Mit den Jahren entwickelte er
einige Allergien, die ihm besonders im Frühjahr zu schaffen machten.

Seinen beruflichen Stress kompensierte er mit süßen Snacks und
ignorierte sein steigendes Gewicht, solange es ging. Bis der Arzt bei
ihm Diabetes feststellte. Da war er Mitte vierzig und zog die Notbrem-
se. »Das war ein richtiger Wecker«, erzählte er später. Er stellte seine
Ernährung rigoros um, und begann, sich zu bewegen. Das ist das
Beste, was ein Diabetiker tun kann.

Nach den Mahlzeiten ging er für 20 Minuten auf seinen Crosstrai-
ner oder machte einen flotten Spaziergang. Seine Blutzuckerwerte ver-
besserten sich überraschend schnell. Durch Bewegung wird nämlich
mehr Glukose in den Muskel geschleust, und der Blutzuckerspiegel
sinkt. Die tägliche halbe Stunde Bewegung, die wir bei *Lebe leichter*
empfehlen, bewirkt, dass die Insulinempfindlichkeit der Zellen wieder steigt. So nahm Matthias richtig gut ab und konnte nach Abspra-
che mit seinem Arzt alle Medikamente deutlich reduzieren. Wirksame

Medikamente sind natürlich ein großer Gewinn für die Menschheit. Aber Bewegung ist »Medizin de luxe«.

Matthias konnte nicht alle Auswirkungen der Diabeteserkrankung ausschalten, aber durch die Veränderungen in seinem Lebensstil ist er nahezu beschwerdefrei. Ein Medikament muss er trotzdem weiterhin nehmen. Das rezeptfreie Medikament Bewegung allerdings auch.

Bewegung tut gut. Bewegung setzt Endorphine, sprich Glückshormone, frei. Bewegung entkrampft. Bewegung macht den Kopf frei. Bewegung nährt den Knochen, die Bandscheibe und den Knorpel. Bewegung baut Muskeln, also Fettverbrennungsmotoren, auf. Bewegung senkt den Blutdruck. Bewegung fördert die Durchblutung. Bewegung strafft die Haut. Bewegung ist Leben. Jeden Tag eine halbe Stunde zügiges Gehen sollte zu einer Selbstverständlichkeit werden. Die große Frage meiner Teilnehmer: Wenn ich gestern eine Stunde gelaufen bin, gilt das für heute mit? Richtige Antwort: Noch mehr Endorphine sind nie verkehrt.

Bei Renate aus meiner Nachbarschaft stieß meine Anregung, sich mehr zu bewegen, auf wenig Gegenliebe. Wir kennen uns, seit unsere Kinder zusammen in der Schule waren. Sie wohnt ganz in meiner Nähe und hat eine ellenlange Krankheitsgeschichte. Zwar hat sie immer auf ihre Figur geachtet, aber leider nicht auf ihre Gesundheit. Zwischen figurbewusst und gesundheitsbewusst können nämlich Welten liegen.

Auch bei ihr kommen die meisten Gesundheitsprobleme durch ihren Lebensstil. Sie leidet an hohem Blutdruck, Arthrose und Migräne. Zusätzlich ist dauernd etwas anderes nicht in Ordnung. Und das seit Jahren.

Ab und zu habe ich es geschafft, sie zum gemeinsamen Walken zu überreden. Aber meistens sagt sie in letzter Minute ab. Kopfweh. Die Schmerzen in den Gelenken. Die Hüfte. Das Knie. Sie igelt sich immer mehr ein und hofft, dass der Arzt endlich die passenden Medikamente für sie findet und dass das Ausruhen und Schonen ihrem Körper guttut.

Das Gegenteil ist der Fall: Regelmäßige Bewegung hilft, die Muskeln zu erhalten oder sie wiederaufzubauen. Muskeln entlasten außerdem die geschädigten Knochen- und Knorpelpartien. Sportarten wie Radfahren, Nordic Walking, Wandern und Schwimmen belasten die Knochen und Gelenke nicht, sondern entlasten sie und schmieren gleichzeitig die Gelenke.

Auch wegen Renates Migräne wäre Laufen eine präventive Maßnahme. Natürlich nicht direkt bei einem akuten Migräneanfall, aber vorbeugend und hinterher. Dass regelmäßige Bewegung auch bei Bluthochdruck die richtige Therapie ist, steht ja in jeder Apothekenrundschau. Nur: Es hilft nicht, es zu wissen, man muss es auch tun.

Schon Mark Twain sagte: »Der Mensch ist das einzige Lebewesen, das sich unwiderstehlich zu Pillen hingezogen fühlt.«

Viele Operationen können vermieden werden, wenn wir den Körper mit regelmäßiger Bewegung stärken. Viele Tabletten werden überflüssig, wenn wir das Rezept für einen gesunden Lebensstil beachten.

Ab und zu brauchen wir anscheinend einen richtigen »Wecker« wie Matthias, von dem wir aufwachen und uns klar wird, dass es so nicht weitergehen kann. Unser Körper ist nicht unendlich belastbar. Er steckt nicht alles weg. Und dafür brauchen wir eine Strategie! Bei Matthias war das die verstärkte Bewegung.

> Viele Operationen können vermieden werden, wenn wir den Körper mit regelmäßiger Bewegung stärken.

EINE GÖTTLICHE STRATEGIE

Mit Gott im Team

In der Bibel lesen wir von dem Kampf zwischen David und Goliat. Menschlich gesehen stand der Gewinner schon längst fest. Goliat war übermächtig. Aber David lebte mit Gott. Als er sah, was die Feinde Gottes sich erlaubten, packte ihn ein heiliger Zorn.[6]

Als David den Kampf mit dem Riesen aufnahm – nach menschlichem Ermessen hätte er es wohl besser bleiben lassen sollen –, erweiterte der Geist Gottes sein natürliches Denken. Gott gab ihm eine Strategie, wie Goliat besiegt werden konnte. Er sollte einfach das nutzen, was er besonders gut konnte. Und das war der Umgang mit seiner Steinschleuder. David holte sich fünf glatte Steine aus einem Bach. Dann näherte er sich Goliat, bewaffnet mit seiner Schleuder. Er zielte direkt auf die Stirn des Feindes und brachte ihn mit einem einzigen Wurf zu Fall. Und weil er noch nicht mal ein Schwert hatte, lief er direkt auf den am Boden liegenden Riesen zu, zog ihm das Schwert aus der Scheide und schlug ihm den Kopf ab. Was für ein Mut!

Die Strategie war von Gott, der gezielte Angriff und der Wurf von David. Eine perfekte Zusammenarbeit. So kann es auch bei dir gehen: Der Geist Gottes schließt dich an die übernatürlichen Gedanken und Strategien Gottes an. Der Angriff und die Umsetzung sind dann dein Part! Aber Werfen kannst du ja trainieren. Und Mut auch.

Du hast auch einen Auftrag! Wie David. Wenn dein körperlicher Zustand dich daran hindert, deinen Auftrag zu erfüllen, möchte Gott dir helfen! Er möchte dir helfen, dein Problem zu überwinden.

Nicht deine Krankheit oder deine Sucht ist das Problem, sondern wie du deinen Zustand siehst. Denkst du nur menschlich? Oder nimmst du im Glauben die übernatürliche Hilfe Gottes in Anspruch?

Worin bist du gut? Gott erwartet keine übernatürlichen Dinge von dir. Auch keine übermenschlichen. Aber er hat dir Gaben und Talente gegeben. Dinge, in denen du richtig gut bist. Schau dir den Riesen an, wie er Gott verspottet. Schau auf den Auftrag, den Gott dir gegeben hat, und dann arbeite mit ihm zusammen. Für den übernatürlichen Faktor ist Gott zuständig.

> Schau auf den Auftrag, den Gott dir gegeben hat und dann arbeite mit Ihm zusammen. Für den übernatürlichen Faktor ist Gott zuständig.

Du bist ein Fall für Gott!

Lass nicht zu, dass schlechte Erfahrungen aus deiner Vergangenheit oder negative Diagnosen deine Zukunft bestimmen. Ärzte können Diagnosen stellen, aber keine Urteile fällen. Trotz allem, was war und was ist: Rechne mit Gottes übernatürlicher Hilfe.

Der Kampf gegen Depressionen lohnt sich. Der Kampf gegen schlechte Gewohnheiten lohnt sich. Der Kampf gegen eine Sucht lohnt sich. Der Kampf gegen eine vernichtende Diagnose lohnt sich.

Gott kommt nicht mit erhobenem Zeigefinger und sagt: »Selber schuld an deinem Diabetes. Hättest du mal besser auf deine Gesundheit geachtet. Da kann ich jetzt auch nichts mehr machen.« Er kennt sich aus mit Medikamentenabhängigkeit, mit Arthrose, Magengeschwüren, Bulimie und Bluthochdruck.

Er erschrickt nicht vor deinem Problem. Es ist ihm egal, ob du die Krankheit selbst verursacht hast. Gott kommt nie mit Schuldgefühlen, sondern immer mit Lösungen. Es ist ihm kein Problem zu unbedeutend, um sich persönlich darum zu kümmern. Er legt seinen Arm um dich. Und wenn du dich beruhigt hast, zeigt er dir seine Strategie.

In deinem Fall heißt die Strategie nicht »reiß dich endlich mal zusammen« oder »streng dich mehr an«. Es geht nicht um deine natürlichen Ressourcen. Die hast du vielleicht alle schon ausgeschöpft und bist trotzdem mit deiner Weisheit am Ende. Hier geht es um eine übernatürliche Hoffnung, die sich nicht nach deinen eigenen Möglichkeiten richtet. Ganz egal, welche körperlichen Probleme du gerade hast und woher sie kommen: Gott möchte dir helfen! Und dir eine göttliche Strategie geben.

Der Kampf mit dem Stier

Vor ein paar Jahren habe ich Barbara kennengelernt. Sie hatte früher mal Magersucht und Bulimie gehabt und mich nun um Hilfe gebeten, weil sie merkte, dass diese zerstörerischen Muster im Essverhalten wieder zurückkehren wollten. Ich begleitete sie für eine gewisse Zeit.

Die meiste Zeit tauschten wir uns per E-Mail aus und einmal schrieb sie mir: »Diese Woche muss ich so kämpfen, dass es mir nicht den Boden unter den Füßen wegzieht. Die Versuchung ist fast unmenschlich groß.«

Vielleicht kennst du ja das Gefühl. Dass schlechte Gewohnheiten, Süchte oder Probleme dir den Boden unter den Füßen wegziehen wollen. Dass es eine fast unmenschliche Anstrengung erfordert, dagegen anzugehen und »stehen zu bleiben«.

Die Verzweiflung von Barbara hat mich innerlich aufgewühlt. Und ich habe gespürt, dass Durchhalteparolen ihr hier nicht weiterhelfen würden. Und so habe ich mir Zeit genommen und intensiv für sie gebetet.

Plötzlich sah ich vor meinen inneren Augen ein Bild: Barbara befand sich in einer Stierkampfarena. Ihr gegenüber stand ein wütender Stier, der nur darauf wartete, sie zu Boden zu schleudern. Plötzlich schaute Barbara dem Stier fest in die Augen. Dann packte sie ihn bei den Hörnern und schob ihn mit einer enormen Kraft in Richtung des Ausgangs der Arena. Erst jetzt bemerkte ich, woher diese übernatürliche Kraft kam. Rechts und links hinter ihr standen zwei riesige Engel, die sie anschoben. Es war gar nicht ihre Kraft: Sie hatte übernatürliche Hilfe.

Hast du auch so einen Stier in deinem Leben? Körperliche Nöte, die dir den Boden unter den Füßen wegziehen? Probleme, die dich so bedrohen wie dieser Stier und die nur darauf warten, über dich herzufallen? Dich auszuknocken? Du bist nicht allein. Gott schickt dir übernatürliche Kraft und eine göttliche Strategie. Der Kampf lohnt sich.

Der Kampf lohnt sich

Im Buch »Lebe leichter – Bleibe leichter in einem bewegten Alltag« erzählen wir die Geschichte von Sabine, damals 42 Jahre. Sie litt unter einem schweren Lip- und Lymphödem und wog 180 Kilo. Die Ärzte hatten sie komplett entmutigt und gesagt: »Da kann man nichts machen.«

Wieder einmal war Sabine so krank, dass sie ins Krankenhaus kommen sollte. »Wenn jetzt nichts passiert, bin ich in ein paar Jahren ein Pflegefall«, schoss es ihr durch den Kopf. Sie wünschte sich nichts sehnlicher, als gesund zu werden, und wollte alles dafür tun, was sie konnte. Aber sie wusste auch, dass ihr Durchhaltevermögen nicht ausreichen würde.

Und dann kam die übernatürliche Hilfe von Gott! Der ihr half, den Stier aus der Arena zu schieben. Der ihr eine Strategie gab. Der Schalter im Kopf legte sich um. Es machte »Klick«.

Gott tat das, was nur er tun kann, und Sabine übernahm in den Bereichen die Verantwortung, wo sie es konnte. Sie veränderte ihre Ernährung, fand Alternativen zu ihren gehaltvollen Vorlieben und baute mehr Obst und Gemüse in ihre Mahlzeiten ein.

Außerdem begann sie, sich regelmäßig zu bewegen. Trotz innerlicher Kämpfe machte sie ab diesem Zeitpunkt fast jeden Tag Sport. Am Anfang waren es täglich nur fünf Minuten. Aber nach und nach konnte sie ihr Tempo und ihre Trainingszeit erhöhen. Sie war erstaunt, wie schnell sich ihre Kondition dadurch aufbaute. Innerhalb von 2 1/2 Jahren nahm sie fast 100 Kilo ab. Ich lernte Sabine im Fitnessstudio kennen, in dem ich damals Lebe-leichter-Kurse anbot. Sie war eine schlanke, sportliche Frau Ende 40, trug schicke Sportkleidung und hätte sie mir ihre Geschichte nicht selber erzählt, hätte ich es einfach nicht geglaubt. Du musst nicht bleiben, wie du bist. Es ist möglich, dich zu verändern. Bei Gott gibt es keine hoffnungslosen Fälle.

Gott heilt auch heute noch

Es kann sein, dass Gott dich darauf aufmerksam macht, wo du etwas an deinem Lebensstil ändern sollst wie bei Matthias, der seinen Diabetes nun gut im Griff hat.

Es kann sein, dass Gott dir zeigt, wie du deine natürlichen Ressourcen einsetzen kannst wie Sabine, die fast 100 Kilo abgenommen hat.

Es kann sein, dass Gott dir zeigt, wo du Menschen vergeben sollst, wie Diana, deren Haut sich gravierend verbessert hat, nachdem sie ihrer Mutter vergeben hat.

Es kann sein, dass Gott dir zeigt, wie du den Stier aus der Arena schieben kannst und Gott dir dafür seine übernatürliche Hilfe zur Verfügung stellt, wie bei Barbara.

Oft gebraucht Gott Ärzte und Medikamente, die dir helfen, gesund zu werden.

Und Gott heilt auch heute noch selbst! Manche Theologen argumentieren: »Die Zeit der Wunder ist vorbei. Mit dem Stand der heutigen Medizin brauchen wir keine Wunder mehr.« Andere sagen: »Gott kann heute noch heilen, aber er tut es nur, wenn er will.«

So sind viele, die unter Krankheiten leiden, verwirrt, weil sie gar nicht mehr wissen, mit was sie rechnen dürfen. Wenn Bartimäus auf die Jünger gehört hätte, wäre er blind geblieben.[7]

Arrangiere dich nicht mit deinen Krankheiten. Plane deine Zukunft. Gisela, eine junge Frau aus unserer Gemeinde, hatte ein »Frühchen« zur Welt gebracht. Es war nur etwa 600 g schwer und musste wochenlang in der Kinderklinik liegen. Ich schenkte Gisela spontan einen Winteranorak, der dem kleinen Ruben im kommenden Winter passen würde. Immer wenn die Frau nun den Anorak ansah – sie packte ihn nicht weg –, erwachte der Glaube in ihr, dass Ruben »es schaffen« würde. Und er schaffte es und ist heute ein gesunder junger Mann.

Ich habe mehrmals erlebt, dass Gott mich durch Gebet geheilt hat. Die Heilung meiner chronischen Mittelohrentzündung, die ich als junge Erwachsene noch mit mir herumschleppte, war und ist mein eindrucksvollster Beweis, dass für Gott kein Ding unmöglich ist. Einen Tag nach dem Gebet diagnostizierte mein Hals-Nasen-Ohren-Arzt, dass das Loch im Trommelfell zugewachsen war, und das war die letzte Mittelohrentzündung meines Lebens.

Eine Verkrümmung im Nackenbereich meiner Wirbelsäule hat mir eine Zeit lang regelmäßig Kopfschmerzen verursacht. Nach einem Gebet mit Handauflegung hörten die Kopfschmerzen auf und sind nie mehr wiedergekommen. Das ist nun schon viele Jahre her. Ein Wettläufer braucht einen Startplatz. Dein Glaubensstartplatz kann sein, wenn dir die Hände aufgelegt werden und du beginnst zu glauben, zu wissen: Ich empfange jetzt meine Heilung. Handauflegung als Kontaktpunkt des Glaubens.

Heikes Heilung

Ich bekam die Nachricht am Telefon, zwischen Bodensaugen und Mittagessenkochen: »Frau Malisic, sie haben Gebärmutterkrebs.«

Mein erster Gedanke: »Krebs, das bedeutet, ich sterbe bald.«

Wie konnte das sein? Unser zweiter Sohn war erst fünf Monate alt. Ich war regelmäßig zu den Vorsorgeuntersuchengen gegangen, das hätte man doch früher erkennen müssen.

Mit Tränen in den Augen teilte ich meinem Mann diese Nachricht mit. Plötzlich geriet unsere ganze Welt ins Wanken. Wir hatten gerade vor eineinhalb Jahren eine kleine Kirchengemeinde in Wolfsburg übernommen. Mein Mann war in seinem Vikariat schon Gemeindeleiter geworden. Unsere beiden Söhne waren knapp drei Jahre und fünf Monate alt. Wir hatten unser ganzes Leben noch vor uns, wollten noch weitere Kinder bekommen, und nun sollte durch diese Krankheit alles zerstört werden?

Unsere Gemeinde war erschüttert, nachdem sie von der Diagnose erfuhr. Und dann passierte etwas Wundervolles. Wo auch immer man von Einheit unter Christen gehört hatte, hier und jetzt erfuhren wir sie am eigenen Leib. Die ganze Gemeinde betete, jeden Tag. Auf Knien unter Tränen brachten wir unser Anliegen vor Gott: komplette Heilung.

Der Arzt ließ sicherheitshalber nochmals einen Abstrich machen, die Diagnose war eindeutig: Der Gebärmutterhals war voller Krebszellen. Nun sollte eine Operation durchgeführt werden, um zu sehen, wie weit der Krebs schon die Gebärmutter erfasst hat. Ich wollte diese OP nicht, es war nicht sicher, ob ich anschließend noch Kinder bekommen könnte. Also beteten wir weiter.

Kurz darauf besuchte mein Mann einen Gottesdienst in einer fremden Stadt. Auch dort wurde für mich gebetet und der Gastprediger sagte hinterher zu meinem Mann: »Ich habe deine Frau gesehen, wie sie auf dem OP-Tisch lag. Jesus stand neben ihr und legte ihr die Hände auf. Und sie war geheilt.« Mein Mann erzählte mir von diesem Eindruck und ich konnte nicht so richtig etwas damit anfangen. »Wenn ich erst einmal auf dem OP-Tisch liege, dann operieren sie. Ich will gar nicht operiert werden.« Dennoch behielt ich meinen Glauben.

Der Termin für die OP stand fest, ich musste ins Krankenhaus. Bei der Aufnahme wurde nochmals ein Abstrich gemacht, danach kam ich in mein Zimmer. Den drei Frauen auf meinem Zimmer, den Krankenschwestern und Ärzten verkündete ich immer wieder: »Ich glaube nicht, dass ich operiert werde, ich glaube, das Gott mich heilen wird.« Die Zeit verging, es wurde Mittag, Nachmittag, Abend. Nichts passierte. Der Anästhesist besprach alle Einzelheiten der Narkose mit mir, ich unterschrieb die Einwilligung für die OP. Was sollte ich auch sonst tun?

Am Abend kam dann eine Glaubensschwester aus unserer Gemeinde zu Besuch. »Komm, lass uns in die Kapelle gehen, wir beten noch mal.« Und während wir beteten fragte sie mich: »Ist eigentlich heute noch mal ein Abstrich gemacht worden und hast du nach deinem Ergebnis gefragt?«

Hatte ich nicht.

Sie ging nach Hause und ich auf schnellstem Weg zur Ärztin. »Ich möchte gerne meine Werte von heute Morgen wissen.« Die Ärztin schaute nach, guckte mich ungläubig an und meinte: »Das kann eigentlich nicht sein, aber bei Ihnen war alles in Ordnung.«

Mir schossen die Tränen in die Augen: »Dann kann ich ja nach Hause gehen?«, freute ich mich. Die Ärztin wollte das auf gar keinen Fall zulassen. »Frau Malisic, das ist unmöglich. Sie sind mit zwei bestätigten PAP-IV-b-Ergebnissen eingeliefert worden, und heute Morgen ergab die Untersuchung einen PAP II. Irgendetwas stimmt nicht, wir werden Sie sicherheitshalber operieren.«

Das war im Oktober 1993. Ich ließ mich nicht operieren und ging auf eigene Verantwortung nach Hause. Bis heute waren alle Ergebnisse bei Vorsorgeuntersuchungen in Ordnung. Diesen Kampf habe ich gewonnen. Gott hat ein Wunder getan.

Dennoch gibt es Kämpfe, die wir nicht gewinnen. Wir haben unseren zweiten Sohn im Alter von sieben Jahren durch einen Unfall verloren. Auch da haben wir gebetet, dass Gott ihn wieder zurückholt. Auf seiner Beerdigung trafen wir einen guten Freund, einen Kollegen meines Mannes, abgemagert, ausgezehrt vom Krebs. Für seine Heilung haben wir auch gebetet. Drei Wochen später waren wir auf seiner Beerdigung.

Warum ich dir das schreibe? Damit du weißt, dass es sich lohnt zu kämpfen, aber dass nicht alles in unserer Hand liegt. Du bist deswegen kein besserer oder schlechterer Christ. Manches, was passiert, können wir nicht erklären, vieles verstehen wir nicht. Aber solange es in deiner Macht steht, gib dich nicht auf, kämpfe diesen guten Kampf, denn so oft erleben wir, wie Sieger daraus hervorgehen.

Heike

Du bist eine Antwort in einem Körper!

Heike und ich konnten das Lebe-leichter-Programm nur deshalb entwickeln, weil Gott uns geholfen hat, den Kreislauf von Zunehmen und Abnehmen zu durchbrechen. Das war nicht nur ein Glück für uns selber. Heute können wir mit unseren Erfahrungen und unserem Know-how, das wir auf diesem Weg erworben haben, vielen anderen Menschen helfen.

Stefanie, die mit dem Lebe-leichter-Programm 60 Kilo abgenommen hat, hat sich inzwischen zum Lebe-leichter-Coach ausbilden lassen und gibt neben ihrer Tätigkeit als Erzieherin Lebe-leichter-Kurse. Ihr Beispiel macht besonders denen Mut, die mit sehr hohem Übergewicht kämpfen und an Stefanie sehen können: Der Kampf mit dem Stier lohnt sich. Veränderungen sind möglich.

> Manches, was passiert, können wir nicht erklären, vieles verstehen wir nicht. Aber solange es in deiner Macht steht, gib dich nicht auf, kämpfe diesen guten Kampf, denn so oft erleben wir, wie Sieger daraus hervorgehen.

Gabi aus meiner Gemeinde hatte Brustkrebs, der sogar zurückkam, sodass sie ein zweites Mal kämpfen musste. In dieser schweren Zeit hat sie mit vielen Menschen über ihre Beziehung zu Gott sprechen können. Sie hat mit Menschen gebetet, denen sie gesund nie begegnet wäre. Sie hat getröstet, umarmt und war ein Hoffnungsschimmer in den Wartezimmern und auf den Krankenhausstationen, auch wenn sie zu diesem Zeitpunkt mit ihrer eigenen Krebserkrankung fertig-werden musste. Heute ist sie krebsfrei. »Aus Narben werden Farben«, sagte sie neulich.

> Die Klugen werden so hell strahlen wie die Sonne und diejenigen,
> die andere auf den Weg der Gerechtigkeit geführt haben,
> werden für alle Ewigkeit funkeln wie die Sterne.
> *Daniel 12,3*

Ingrid, langjährige Dialysepatientin und heute erfolgreich nieren-transplantiert, hat mit ihrem Mann eine Selbsthilfegruppe für Dia-lysepatienten gegründet.

Erika hat als junge Frau eine Abtreibung vornehmen lassen. Jah-relang hatte sie mit den körperlichen und seelischen Folgen dieser schwerwiegenden Entscheidung gekämpft. Als sie mit ihrer Schuld zu Gott ging, erlebte sie Vergebung und Wiederherstellung. Seitdem wünschte sie sich, anderen Betroffenen zu helfen. Inzwischen hat Erika ein Netzwerk für die Aufarbeitung der Folgen einer Abtreibung aufgebaut und ist die Initiatorin und Mitbegründerin der Initiative »Endlich wieder Leben!«.

Herbert hat leichte motorische Defizite. Das machte es für ihn schwierig, Autofahren zu lernen. Aber er wollte unbedingt den Füh-rerschein machen. Nach drei Jahren hat er es geschafft. Wie schade wäre es gewesen, wenn er gesagt hätte: »Damit muss ich halt leben.«

Frank aus unserer Gemeinde in Würzburg wurde neulich gefragt, was er für eine Krankheit hat. Seine Antwort: »Ich habe momentan ›parkinso‹. Dieses Wort schreibe ich deshalb nicht mit großem P, weil es nicht mehr diese Wichtigkeit hat, und einen Buchstaben lasse ich ganz weg, weil es besser wurde.« Er geht einem Beruf nach, hat weiterhin Auftritte als Unterhaltungskünstler und neulich sprang er zum ersten Mal seit neun Jahren bis aufs vierte Brett seines Rola-Bola, seines Balance- und Wackelbretts.

Welche Diagnose hast du bekommen? Diabetes? Übergewicht? Gicht? Arthrose? Lymphödem oder Lipohypertrophie? Vielleicht sagt dein Arzt wie der von Sabine: »Bei Ihnen kann man nichts machen.« Heute wiegt sie 100 Kilo weniger, geht dreimal in der Woche ins Fitnessstudio und ist fit wie ein Turnschuh. Wenn jemand sagt: »Das geht nicht«, denk daran: Das sind seine Grenzen. Nicht deine.

Man kann nicht alles verändern. Menschlich gesehen haben wir Grenzen. Manche Schwachstellen bleiben und sensibilisieren uns dafür, achtsam mit unserem Körper umzugehen. Aber es lohnt sich, den Kampf gegen die Hoffnungslosigkeit aufzunehmen.

Fang an, den Stier aus der Arena zu schieben, der es auf deinen Lebensmut und deinen Auftrag abgesehen hat. Für diesen Kampf brauchst du nicht menschliche Stärke. Dafür brauchst du Glauben an das übernatürliche Eingreifen. Der hoffnungslose Fall wird zu einem Fall für Gott!

Der hoffnungslose Fall wird zu einem Fall für Gott!

Gott weiß, was du schon alles durchgemacht hast. Er kennt die Kämpfe, die du gerade jetzt mit deinem Körper hast, und er möchte dir helfen. Er schickt dir Engel, die dich anschieben.

»Jeder Tag meines Lebens war in deinem Buch geschrieben«, heißt es in Psalm 139. Auch dieser, an dem du diese Seiten liest. Dein Körper schreibt auch heute noch Geschichte. Gott ist von dir überzeugt.

Er weiß, was er in dich hineingelegt hat. Und er möchte, dass deine Geschichte ein Happy End hat.

Gott liebt dich. Deinen Körper. Dein Gesicht. Deine Augen. Dein Lächeln. Er liebt jedes Detail an dir. Wenn du aufhörst, deinen Körper zu hassen, wenn du Frieden mit deinem Körper schließt, dann machst du ihn glücklich. Dein Heilwerden macht einen Unterschied. Für dich. Und für deine Umgebung.

Gott sagt: Es ist so wichtig, dass du mit Dankbarkeit auf deinen Körper schaust und dich mit ihm versöhnst. Du hast nur diesen Körper. Ich brauche dich. Mit deiner Geschichte. Mit deinen Narben. Mit diesem Körper. Du bist eine Antwort in einem Körper.

Du bist

... geliebt

... gewollt

... begabt

... auserwählt

... etwas Besonderes

... dein Typ ist gefragt von dem Einen, der alles gab, um dein Herz zu gewinnen.

BEST AGER

Älter werden akzeptieren

Ich kenne niemanden, der nicht gerne alt werden möchte. Älter werden finden allerdings die meisten problematisch. Und älter aussehen, meinen sie, geht schon mal gar nicht. In diesem Kapitel geht es nicht um die Wechseljahre, aber laut Duden bedeutet das griechische Wort Klimax, wie die Wechseljahre ja auch oft bezeichnet werden, »Übergang von weniger Wichtigem zu Wichtigerem.« Diese Aussicht gefällt mir ausgesprochen gut! Endlich geht's in die wirklich wichtige Phase!

Jetzt hast du die Möglichkeit, deinem Leben eine neue Wende zu geben. Die zweite Lebenshälfte kann deine große Chance werden!

Zunächst einmal: Hör auf, dich mit anderen zu vergleichen! Du bist unvergleichlich! Akzeptier deinen Istzustand. Es ist, wie es ist! Manche haben viele körperliche Beschwerden, andere wenige. Du kannst die Zeit nicht zurückdrehen und Entscheidungen nicht rückgängig machen. Aber du kannst beeinflussen, wie es weitergeht.

> Du kannst die Zeit nicht zurückdrehen und Entscheidungen nicht rückgängig machen. Aber du kannst beeinflussen, wie es weitergeht.

Bleib nicht beim »Warum« stehen. Warum es dir körperlich so geht, wie es ist. Warum du mit diesen oder jenen Schwachstellen zurechtkommen musst. Nutze stattdessen die Möglichkeiten, die du hast. Wenn du dich jeden Tag nur ein Prozent auf dein Ziel zubewegst, wärest du in 100 Tagen angekommen. Sogar wenn du drei Schritte vorwärts und zwei wieder zurück gehst, wärst du in einem Jahr am Ziel. Natürlich lässt sich unser Leben nicht in Prozentzahlen ausdrücken, aber du verstehst, was ich meine. »Ich könnte schon viel weiter sein«, sagen mir meine Teilnehmer oft. Sei nicht frustriert darüber, dass du nicht da bist, wo du hinwolltest. Such dir stattdessen Wege, wie du heute ein Prozent näher an dein Ziel kommen kannst.

Sei Körperflüsterer und geh gut mit dir um! Das kann dir keiner abnehmen! Du bestimmst, was du isst und wann du isst. Du bestimmst, wie viel du dich bewegst und ob du dir Zeit zum Ausruhen nimmst.

»Manchmal denk ich, ich krieg Alzheimer. Mein Kopf ist wie ein Sieb.« Freundinnen, Freunde und ein gutes Kontaktnetz helfen dir, dich normal zu fühlen, denn ein bisschen Vergesslichkeit ist normal. Gespräche und Austausch tun so gut. Dazu brauchst du Menschen aus Fleisch und Blut und nicht nur einen Haufen Facebook-Freunde.

Schau genauer hin: Wer zapft denn da dauernd Energie bei dir ab und laugt dich aus? Was an deinen seelischen Kräften zehrt, wird dich auf Dauer auch körperlich schwächen. Wer lädt deine Batterien wieder auf? Was lädt deine Batterien wieder auf? Freu dich! Das sind Fragen, die du dir stellen darfst und wo du in dich selbst investieren kannst. Du bist dein wichtigster Mensch und es soll dir so richtig gut gehen.

Vergiss das Feiern nicht

Wenn du mal mit 85 auf dein Leben zurückblickst, wirst du dich nicht daran erinnern, wie oft du geputzt hast, ob deine Rechnungen immer ordentlich abgeheftet waren und welche Sendungen du im Fernsehen geschaut hast, sondern ob und wie du mit deiner Familie und deinen Freunden gefeiert hast!

Zu meinem 50. Geburtstag schlug ich gleich doppelt zu. Mein Vater wurde vier Tage vor meinem Geburtstag 90 – und so feierten wir zusammen ein wundervolles Fest.

Ein paar Tage später lud ich zu einem »großen Freundinnen-Tag« nach Würzburg ein. Es kamen mehr als 400 Frauen, meine Freundin Gaby Wentland predigte und Heike war auch dabei. Nein, diesen Tag werde ich bestimmt nicht vergessen!

Im Juni dieses Jahres wurde nun Heike fünfzig und lud zu ihrer Geburtstagsparty ein. Es war die Woche unseres Umzugs – und eine Woche vor Abgabeschluss für dieses Buch. »Nein«, schrieb ich ihr per E-Mail. »Ich schaffe es beim besten Willen nicht, zu deinem Geburtstag zu kommen.« Aber dann ging ich noch mal in mich. Nein sagen geht ja immer so schnell und dann schrieb ich ihr ein zweites Mal: »Ach Heike, das wäre doch irgendwie KOMISCH. Wir schreiben zusammen ein Buch über ›Körper, Seele und Geist‹, über Freundschaft und dass wir immer die Wahl haben. Es soll ein Bestseller der Herzen werden. Wenn ich mir dann wegen einem Umzug nicht die Zeit nehme, zu deinem Geburtstag zu kommen, also ich fände das schon komisch.«

Und so fuhr ich vier Stunden zu Heikes wundervollster, unvergesslichster Geburtstagsparty, feierte vier Stunden mit und fuhr drei Stunden bei strömendem Regen wieder zurück.

Wenn ich später mal zurückdenke, werde ich mich nicht an den Tag erinnern, an dem ich meinen Badezimmerschrank eingeräumt, das 11. Mal zu Ikea gefahren bin oder eine Bücherkiste ausgepackt habe, sondern an die Highlights meines Lebens und dazu gehört, dass ich mit Heike ihren 50. Geburtstag gefeiert habe.

Immer was zu lachen

Schau, dass du genug zu lachen kriegst, wenn du älter wirst. Wer lacht, wird besser mit Stress fertig, baut Körperspannung ab, schläft besser und hat mehr Abwehrkräfte. Wenn dir partout nichts einfällt, über das du lachen kannst, hätte ich hier mal zwei Witze:

> Wer lacht, wird besser mit Stress fertig, baut Körperspannung ab, schläft besser und hat mehr Abwehrkräfte.

Ein Mann findet eine alte Flasche und öffnet sie. Beim Öffnen kommt ein Flaschengeist heraus. »Du darfst dir etwas wünschen, weil du mich befreit hast«, sagt die kleine Fee. Darauf der Mann: »Ich wünsch mir eine Autobahn von Europa nach Amerika.« – »Oh, das ist unmöglich«, sagt der Flaschengeist. »Denk nur an die Mengen von Beton und an die Probleme, die ich mit den Umweltschützern bekomme. Außerdem bin ich nur eine kleine Fee. Hast du keinen anderen Wunsch, den ich dir erfüllen könnte?« – »Dann wünsche ich mir, dass ich die Frauen besser verstehen lerne«, sagt der Mann. Darauf die kleine Fee: »Soll die Autobahn drei- oder vierspurig sein?«

Oder

Oma Else ist mit den Damen aus ihrem Strickklub unterwegs auf einer Butterfahrt. Nach einer Weile geht sie nach vorne zum Busfahrer, hält ihm eine Tüte mit Nüssen hin und fragt: »Wollen Sie ein paar Nüsse haben?« Der bedankt sich und greift zu. Ein paar Minuten später kommt sie wieder. »Wollen Sie noch ein paar Nüsse?« Das geht ein paarmal so, bis der Busfahrer schließlich fragt: »Das ist ja furchtbar nett, aber wo haben Sie denn die ganzen Nüsse her?« Oma Else lächelt und antwortet: »Wissen Sie, wir essen alle so gerne Ferrero Küsschen, aber die Nüsse sind uns zu hart!«

Lachen macht locker, verbessert die Lungenfunktion, versorgt das Gehirn mit Sauerstoff und massiert die inneren Organe. Ist also definitiv Sport. Lachen baut Stress ab, steigert die Immunabwehr, Brustmuskeln, Zwerchfell und Darm schuften, während du dich schlapplachst, und die oberen Luftwege werden frei gepustet. Außerdem macht Lachen unempfindlicher gegen Schmerzen. Am besten gefällt mir die Vorstellung, dass Lachen die Fettverbrennung ankurbelt. Auf jeden Fall kannst du nichts essen, während du lachst.

Du kannst nicht gleichzeitig lachen und wütend sein. Du kannst nicht lachen und dir Sorgen machen. Lachen ist kalorienarm, koffeinfrei, natriumarm und ohne Konservierungsstoffe. Du kannst vom Lachen berauscht werden, aber es nie überdosieren. Es macht Falten und Pfunde unsichtbar, es macht jedes Gesicht bei jedem Gewicht attraktiv, ist kostenlos, steuerfrei und ansteckend. Für mich definitiv immer noch die schönste Sportart, noch vor Kraftsport. Und wer viel lacht, altert definitiv schöner!

Neue Models braucht das Land

Geh davon aus, dass der vor dir liegende Lebensabschnitt ungeahnte neue Möglichkeiten mit sich bringt, statt mit Hitzewallungen, Migräne, Schlafstörungen und Depressionen zu rechnen. Wenn sie kommen, sei einfach vorbereitet. Es ist in einem gewissen Rahmen normal und Gott hat das mit eingebaut, als er den weiblichen Organismus schuf. Er wird uns auch einmal erklären müssen, warum Frauen in den Wechseljahren Fett an den Oberschenkeln verlieren, um es am Bauch wiederzufinden. Er wird eine gute Erklärung dafür haben, da bin ich mir sicher.

Wenn die Zeit deiner physischen Fruchtbarkeit zu Ende geht, darfst du deine Kreativität, deine Begabungen und deine Lebenserfahrung in neue Aufgaben stecken. Wenn du hier angekommen bist, bist du meist schon ein ganzes Stück souveräner als in jungen Jahren.

Gibt es Lebensträume, die sich bis jetzt nicht erfüllt haben? Vielleicht wolltest du schon immer mal ein eigenes Geschäft haben, einen anderen Beruf ausüben, eine Reise nach Israel oder Afrika machen, eine neue Sprache erlernen? Es gibt unzählige Träume, die seit Jahren in uns schlummern, und meistens liegt in ihnen ein Wink Gottes auf unsere Berufung verborgen.

Nimm dir Zeit. Erforsche deine veränderten Möglichkeiten. Denk über die Pläne Gottes für deine nächste Lebensphase nach. Wo etwas aufhört, ist gleichzeitig auch Platz für etwas Neues. Vielleicht ist es gerade jetzt an der Zeit, dich Gott neu zur Verfügung zu stellen?

> Wo etwas aufhört, ist gleichzeitig auch Platz für etwas Neues. Vielleicht ist es gerade jetzt an der Zeit, dich Gott neu zur Verfügung zu stellen?

Ich möchte versuchen, auf meine Weise ein Model zu sein – für diejenigen, die diese entscheidenden Jahre noch vor sich haben. Heike möchte ein Vorbild für ihre Tochter sein, und für die junge Generation.

»Ich möchte, dass junge Menschen die Angst vor dem Älterwerden verlieren, wenn sie mich sehen.«

Wenn dieses Buch ein Auslöser ist, dass du deine Chance ergreifst, dann sitzen wir später, wenn wir mit 85 auf unser Leben zurückblicken, mit einem riesigen Lächeln da und denken: Es hat sich alles gelohnt. Die guten und die schlechten Zeiten.

Du lebst nicht ewig, oder doch?

»Weißt du, was für einen Indikator ich anwende, um zu entscheiden, ob ich ein Buch, das mir nicht gefällt, einfach zur Seite lege?«, fragt meine Tochter mich. (Sie hat das Wort Marker verwendet.) »Ich überlege mir, wenn ich gleich sterben würde: Würde ich wollen, dass dieses Buch das letzte war, das ich gelesen habe?«

Ziemlich weise, meine Tochter. Wenn ich die vielen Dringlichkeiten, die meinen Tag bestimmen, mit dem Indikator meiner Tochter abgleiche, fällt das meiste schon mal einfach raus.

Martin Luther würde ja in diesem Fall einen Apfelbaum pflanzen. Ich nicht. Wenn ich wüsste, dass ich gleich sterben würde, würde ich, glaube ich, ganz entspannt draußen auf einer schönen Bank sitzen, ohne Buch. Es müsste natürlich Sommer sein, und dann würde ich, abwarten, was dann passiert und wie es jetzt weitergeht. Eine spannendere Geschichte gibt es ja wohl nicht!

Wenn ich in Gesprächen auf das Lebensende komme, spüre ich bei vielen Menschen Angst. Keiner möchte im Alter krank und hilfsbedürftig sein. Wir möchten alle, so lange es geht, selbstbestimmt leben.

Und dann ist da noch diese Angst vor dem Unbekannten. Wenn eines ganz sicher ist, dann ist das unser Tod! Manche Menschen sterben früher, manche später. Also ist es nur klug, sich schon heute mit ihm auseinanderzusetzen, statt ihn zu verdrängen. Gibt es ein Leben nach dem Tod?

Es ist nicht entscheidend, ob du dein Leben lang Konfektionsgröße 38 getragen hast. Es ist nicht entscheidend, ob du im Luxus gelebt hast oder in einer 2-Zimmer-Wohnung ohne Balkon.

Es ist nicht entscheidend, ob du dein Leben ohne Pleiten, Pech und Pannen hingekriegt hast. Im Licht der Ewigkeit ist das alles völlig unerheblich.

Dass Entscheidende ist, ob du in deinem Leben eine Beziehung zu Gott aufgebaut hast. Zu dem Gott, der verspricht, dich durch Höhen und Tiefen zu begleiten. Es ist derselbe Gott, der dich dann auch beim Sterben begleiten wird. Wie gut, diesen Gott rechtzeitig kennenzulernen. Kennst du ihn?

Dass deine Zeit zum Sterben irgendwann kommen wird, weißt du. Was ist dann, fragst du dich vielleicht? Was lebt weiter? Lebt überhaupt etwas weiter? Oder heißt es dann: »Ende! Aus! Alles vorbei!«

Gibt es ein Leben nach dem Tod? Hatte die Bibel doch recht, dass es einen persönlichen Gott gibt, vor dem wir alle einmal Rechenschaft ablegen werden? Was passiert mit deiner Seele und deinem Geist, wenn dein Körper gestorben ist? Und was genau ist eigentlich der Geist?

Mit dem folgenden Kapitel möchten wir dich ermutigen, einen Glaubensschritt zu gehen, und den Spirit – also den Geist – in dir zu erkennen.

Body

Spirit

Soul

MIT KÖRPER, SEELE UND GEIST GESCHAFFEN

»Für mich war es ein echter Augenöffner, als ich verstanden habe, wie das mit dem Zusammenspiel von Körper, Seele und Geist ist«, meinte Christine, die den Frauentag im November 2014 in Würzburg anmoderierte.

»Was mit dem Körper gemeint ist, fand ich ja noch relativ einfach. Den spürt man, der teilt mir mit, welche Bedürfnisse er hat, und seine Informationen sind eindeutig: Ich brauche etwas zu essen, ich habe Durst, ich will schlafen. Was mit der Seele gemeint ist, war mir lange Zeit eher schleierhaft. Was gehört eigentlich zur Seele? Heute weiß ich: Meine Seele, das ist mein Wille, mein Verstand, meine Gefühle. Meine Gefühle sind aber oft unbeständig, sie haben mich verwirrt. Auf sie konnte ich mich nie verlassen. Einmal war ich himmelhoch jauchzend, dann wieder mal zu Tode betrübt.«

Und dann erzählte Christine ein ganz praktisches Beispiel, das ihr geholfen hat, zu verstehen, was mit dem »Geist« gemeint ist:

Als ich mit 46 Jahren vor der Entscheidung stand, ob ich noch mal eine neue Ausbildung anfangen soll, haben mein Verstand und mein Wille bei mir nämlich nicht das letzte Wort gehabt. Sonst hätte ich mich bestimmt nicht getraut, diesen Schritt zu tun. Mein Verstand sagte: »Du bist zu alt.« Meine Gefühle haben gerufen: »Das schaffst du nie.« Ich hatte Versagensängste, Angst vor der eigenen Courage und wenn man dann lange drüber nachdenkt, werden die anfänglichen Gedanken zu einem scheinbar unüberwindbaren Berg! Aber in meinem Geist wurde ich ermutigt: »Du schaffst das, trau dich, hab Mut, den unbekannten Weg zu gehen – Gott ist mit dir.« Plötzlich habe ich verstanden: Das war mein Geist.

Mein Geist ist lebendig geworden, als ich mich bewusst dafür entschieden habe, an Gott zu glauben. Ich glaube, dass Jesus für mich gestorben ist und er mich durch seinen Tod am Kreuz erlöst hat. Dadurch hat er meine Verbindung zu Gott wiederhergestellt. Diese Verbindung erlebe ich in meinen Geist.

Mein Körper mit seinen Stärken und Schwächen und mein Wille, meine Gefühle – und auch mein Verstand – signalisieren mir oft Dinge, die nicht mit dem übereinstimmen, was Gott über mich sagt. Zum Beispiel, dass er mich liebt, dass er mich beschützt und dass er mein Versorger ist.

Bei mir hatten der Körper und die Seele sehr lange die Oberhand. Mir war nicht bewusst, dass ich meinen erneuerten Geist einfach übersehen bzw. überhört habe. Deshalb hatte sich in meinem Leben auch nicht so viel geändert, obwohl ich Christ war.

Eines Tages ging mir ein Licht auf: Gott nimmt mir meinen Willen nicht weg und er freut sich, wenn ich meinen Verstand einsetze. Aber er gibt mir auch übernatürliche Hilfe und Rat durch seinen Heiligen Geist. Und das höre und verstehe ich in meinem Geist.

> Ich habe mich entschieden, Gott und seinem Wort zu glauben und auf das Reden des Heiligen Geistes in mir zu hören. Ich bin auf dem Weg. Es ist nicht immer alles bei mir im Lot mit diesem Zusammenspiel von Geist, Seele und Leib, aber ich achte auf mein Herz und dass es immer offen für das Reden des Heiligen Geistes ist.

In diesem Buch meinen wir mit Geist also nicht den Verstand, die Intelligenz oder das Bewusstsein. Wir meinen unser eigentliches »Ich«, das von Gott, der ebenfalls Geist ist, nach seinem Ebenbild geschaffen wurde. Dieser Kern unserer Persönlichkeit sehnt sich nach Gott. Unser Herz sehnt sich nach dieser intakten Beziehung zum Schöpfer, wie sie im Paradies gewesen ist. Und sucht, bis es diese Beziehung (zum Schöpfer) findet.

Dieser Kern unserer Persönlichkeit sehnt sich nach Gott.

DIE SUCHE

Auf der Suche nach dem Glück

An der Eingangstür unserer Gemeinderäume hing das Ankündigungsplakat für den nächsten »Alpha-Kurs«, ein Kurs für Leute, die auf der Suche nach dem Sinn des Lebens sind. Fett gedruckt stand da in Großbuchstaben: »War das schon alles?«.

Renate, eine Teilnehmerin aus meinem Lebe-leichter-Kurs, ließ diese provokante Frage nicht los und sie rief mich an, was es denn mit diesem anderen Kurs auf sich hätte. Sie war Mitte 50 und obwohl sie im Leben schon viel erlebt und erreicht hatte, merkte sie, dass diese Frage etwas in ihr anrührte, was sie aber nicht benennen konnte.

Beate

Auch durch unsere Arbeit als Referentinnen zu verschiedenen Lebens- und Gesundheitsthemen lernen wir viele suchende und fragende Menschen kennen. Wie Renate merken sie, dass ihnen irgendetwas fehlt. Aber was? Sie können es nicht so richtig erklären, aber es ist da so etwas wie eine heilige Unruhe.

War das schon alles? Wo komme ich her? Wozu bin ich auf der Welt? Was passiert nach dem Tod? Diese Sehnsucht nach einer übernatürlichen Beziehung zu Gott ist uns Menschen wohl in die Seele gelegt worden. Man findet sie in jeder Religion, auch wenn »Gott« dort jeweils unterschiedlich definiert wird.

»Unruhig ist meine Seele, bis sie Ruhe findet in dir, o Herr.« Diese Worte des Kirchenvaters Augustinus drücken genau das aus, was Renate und viele dieser Menschen spüren. Ruhe finden in Gott, das könnte die Lösung sein. Aber wer oder was ist Gott? Und so gehen sie auf die Suche und probieren alle möglichen Dinge aus, von denen sie hoffen, dass sie ihrer Seele oder ihrem Geist Ruhe schenken.

Glück im Besitz

Es muss einen doch irgendwann glücklich machen, wenn man sich einen gewissen Wohlstand erwirtschaftet hat, denken viele und investieren jahrelang in »Dinge«.

Hast du ein Auto? Ein Haus? Bestimmt aber hast du eine Wohnung mit fließend Wasser und einer Zentralheizung. Hast du genügend Kleider im Schrank? Schuhe? Einen Fernseher, eine Spielkonsole, ein Telefon, ein Smartphone, Internet? Einen Garten?

Du hast irgendetwas davon nicht? Oder noch mehr? Wir leben in der westlichen Welt so sehr unter diesem Anspruch, immer mehr zu brauchen. Wozu? Um glücklich zu sein? Um diese Leere zu füllen?

Eigentlich wissen wir, dass wir nicht mehr »Sachen« brauchen, um glücklich zu sein. Und trotzdem werden die Wünsche und Ansprüche immer größer. Wenn ich erst einmal diese genialen Turnschuhe habe, dann bewege ich mich regelmäßig, dann bin ich glücklich. Wenn ich erst einmal dieses besondere Haushaltsgerät besitze, dann koche ich gesund, dann bin ich glücklich. Wenn ich mir erst mal jedes Jahr einen Urlaub leisten kann, dann kommt meine Seele zur Ruhe, dann kann ich auftanken, dann bin ich glücklich.

Auf der Suche nach dem Glück meinen wir, in materiellen Dingen Zufriedenheit zu finden. Das stimmt auch zunächst einmal. Wenn du

das neue Paar Turnschuhe an den Füßen hast, wenn die neue Küchen-
maschine erst mal die leckersten Speisen zubereitet, wenn du dir den
lang ersehnten Urlaub leisten kannst, dann fühlt sich das zunächst
gut an. Meistens hält dieses Gefühl aber
nicht lange an und du bist auf der Suche
nach dem nächsten Kick. Auch wir beide
fahren in den Urlaub, haben ein eigenes
Auto und leisten uns »Dinge«. Aber wir
wissen, dass unsere Zufriedenheit nicht davon abhängt.

Auf der Suche nach dem Glück meinen wir, in materiellen Dingen Zufriedenheit zu finden.

Eine Freundin erzählte von einem Mann, dessen größter Wunsch
es war, ein Haus am See zu besitzen. Nach vielen Jahren des Sparens
und Suchens war er schließlich fündig geworden und kaufte sich so
ein Haus. Der Kompromiss, den er eingehen musste, war eine lange
Anfahrt zu seinem Arbeitsplatz. Jeden Tag war er zwei Stunden unterwegs. Anfangs konnte er das Haus und den Blick auf den See genießen,
aber mit der Zeit hatte er sich an diesen Anblick gewöhnt. An die Fah-
rerei aber nicht. Die war ihm lästig und stahl ihm wertvolle Lebenszeit.
Er sehnte sich wieder zurück nach seiner kleinen Wohnung.

Glück durch Leistung und Anerkennung

Fleißig sein, schaffen können, damit sind viele Menschen groß geworden. Heike und ich genauso. Wir können richtig was wegschaf-
fen. Wer viel leistet, bekommt Anerkennung. Ehrenämter. Ist überall gern gesehen. Wird für die verschiedensten Aufgaben gewählt.
Erwirbt sich ein Netzwerk. Und meist verdient er auch mehr Geld
und dieses Leben müsste doch eigentlich glücklich machen.

Im Prinzip ist da nun wirklich nichts Verkehrtes dran. Es ist ein gutes Gefühl, tüchtig zu sein und sich selber helfen zu können. Ich weiß noch, wie befreiend es sich anfühlte, nach meiner langen Familienpause mein erstes eigenes Geld zu verdienen. Das war natürlich hauptsächlich fürs Familienbudget bestimmt, aber emotional war es doch ein Höhepunkt, als ich mir meinen ersten Computer und schließlich auch mein erstes eigenes Auto kaufen konnte, vom selbst verdienten Geld.

Beate

Arbeit kann deinem Leben Sinn geben. Du merkst, wie dein Einsatz sich lohnt, wie deine Gaben gebraucht werden und wie du manchmal »im Flow« über dich hinauswächst. Wir kennen und lieben dieses Gefühl. Und dennoch: Arbeit, menschlicher Erfolg, Leistungsfähigkeit, so hoch angesehen diese Attribute in unserer Leistungsgesellschaft auch sind, können zum Götzen werden. Und sie können zwar ein gewisses Macht- oder Überlegenheitsgefühl erzeugen, aber kein echtes Glück.

Leistung und gesellschaftliche Anerkennung sind moderne, anerkannte und allseits bewunderte Götzen. Sie können sogar im christlichen Gewand daherkommen und dich für soziale oder gemeindliche Zwecke schuften lassen. Aber Gott

Er will nicht in erster Linie dein Trainer sein, der dir ständig Tipps zuruft, wie du dein Leben noch besser in den Griff kriegst. Er will eine Beziehung zu dir. Ihm geht es um dich.

ist kein Antreiber, sondern der Gute Hirte. Er freut sich mehr über dich selbst als über das, was du leistest. Kennst du das Gleichnis vom Guten Hirten? Der Gute Hirte lässt 99 Schafe allein, um das eine zu suchen, das sich verlaufen hat. Das würde ER auch sofort für dich tun.

Er will nicht in erster Linie dein Trainer sein, der dir ständig Tipps zuruft, wie du dein Leben noch besser in den Griff kriegst. Er will eine Beziehung zu dir. Ihm geht es um dich.

Beziehungshunger

Im Teil »Soul«, im dritten Teil, erzählen wir ganz viel darüber, wie wichtig Beziehungen für uns sind. Wir brauchen in unserem Leben alle dringend Menschen. Wir möchten lieben und geliebt werden, das liegt in unserer Natur.

Aber kann man auch »zu viel« lieben? Ist es möglich, sich so sehr nach einem bestimmten Menschen, einem Ehepartner, einer verflossenen Liebe, einem Baby zu sehnen, dass dieser Wunsch alles andere überlagert? Nun kannst du zu Recht denken: »Ihr beiden habt leicht reden. Ihr habt einen Ehepartner und Kinder, euer Leben ist voller Menschen.«

Bei unserem letzten Freundinnen-Wochenende erzählte Irmgard aus ihrem Leben. Sie und ihr Mann hätten so gerne Kinder gehabt. Zu akzeptieren, dass dieser Wunsch sich nicht erfüllte, war sehr schwer für sie gewesen.

»Mein großer Wunsch, Mutter zu werden, hat sich leider nicht erfüllt«, erzählte sie uns an diesem Morgen. »Und das war eine Zeit lang sehr schmerzlich für mich. Heute kann ich sagen: Mein Leben ist auch ohne Kind wertvoll. Ich habe gelernt, mit unerfüllten Wünschen zu leben. Und Gott hat diesen großen Mangel in mir ausgefüllt.«

Beate

Auch der Wunsch nach einem Partner kann riesengroß werden. Macht eine Partnerschaft, eine Ehe, immer glücklich? Heike und ich haben mit sehr vielen Menschen Kontakt und sehen ganz deutlich, dass nicht jede Ehe der Himmel auf Erden ist. Es gibt viel Leid, Not und Einsamkeit hinter der Fassade. Und auch eine gute oder sogar sehr gute Beziehung kann nicht die Sehnsucht im Herzen stillen, die jeder Mensch in sich spürt: die Sehnsucht nach einer Beziehung zu Gott.

Sozial sein

Auf der Suche nach dem Sinn des Lebens findest du vielleicht Aufgaben, die dir sinnvoll erscheinen. Du engagierst dich in deiner Kirche, in der Flüchtlingsarbeit, bist im Elternbeirat, hilfst im Frauenhaus oder bei anderen karitativen Einrichtungen. Du willst ein guter Mensch sein und deine Gaben einsetzen. Wir ziehen unseren Hut vor allen ehrenamtlichen Helfern und Mitarbeitern. Ohne sie könnten manche Projekte gar nicht funktionieren. Du investierst dich und hast zu Recht das gute Gefühl, die Welt durch deinen Einsatz ein Stückchen besser zu machen. Beate und ich machen das auch. Vor allen Dingen sind wir in unseren Gemeinden ehrenamtlich sehr aktiv.

Außerdem haben wir ein Spendenprojekt ins Leben gerufen, durch das knapp 200 Kinder in Cakuti, Angola, ernährt werden. Das stellen wir übrigens auf den letzten Seiten dieses Buches vor. Aber trotzdem besteht der Sinn in unserem Leben nicht darin, gute Werke zu tun. Die Frage, die wir uns bei jeder Art von ehrenamtlicher Tätigkeit stellen, ist: »Was treibt mich

> Aber auf keinen Fall darf unser Engagement den Platz einnehmen, den eigentlich Gott in unserem Herzen haben sollte.

an?« Oder anders gesagt: »Woher kommt dieser Wunsch, sozial zu sein?« Ist er nicht ein Same, den Gott dir mitten ins Herz gepflanzt hat? Er liebt es, wenn wir barmherzig sind und wenn wir uns um die Bedürftigen kümmern. Aber auf keinen Fall darf unser Engagement den Platz einnehmen, den eigentlich Gott in unserem Herzen haben sollte.

Ernährung als Religion

Hättest du gedacht, dass der Bereich »gesunde Ernährung« sich verselbstständigen und spirituelle Züge annehmen kann? »Was hat Essen denn mit dem Geist zu tun?«, fragst du dich jetzt vielleicht. Eine ganze Menge. Um »gesunde Ernährung« wird mittlerweile ein regelrechter Kult betrieben. Auf der einen Seite erleben wir, wie unsere Gesellschaft durch Fehlernährung krank wird, auf der anderen Seite werden extreme Trends gesetzt. Superfoods schießen wie Pilze aus dem Boden und plötzlich scheint »vegan« die Ernährungsform schlechthin zu sein. Bei jedem Bauchgrimmen wird eine Lebensmittelunverträglichkeit vermutet und statt auf normale Portionsgrößen zu achten und einen ausgewogenen Ernährungsstil zu leben, lässt man lieber Milchprodukte oder Weizenmehl weg.

Andrea erzählte im Lebe-leichter-Kurs, dass sie ständig auf »Diät« gewesen ist, weil sich Maßlosigkeit mit Disziplin abwechselten. Essen, Nichtessen, Diäthalten, Kalorienzählen bestimmten ihr ganzes Denken. Irgendwann merkte sie, dass sie an nichts mehr richtig Freude hatte und die Zahl morgens auf der Waage ihr Stimmungsbarometer war. Im Lebe-leichter-Kurs lernte sie, den Fokus vom Essen und der Waage wegzulenken. Das fällt ihr heute immer noch nicht leicht, aber sie ist auf einem guten Weg, ihre neuen Gewohnheiten zu festigen.

Wir haben das Lebe-leichter-Programm entwickelt und empfehlen definitiv eine gesunde Ernährung. Aber nicht umsonst liegt der Kerngedanke von *Lebe leichter* in der Ganzheitlichkeit. Körper ja, gesunde Ernährung ja, aber vergiss dabei dein Herz und deinen Geist nicht.

Sport

Genauso wie gesunde Ernährung zu einem Gott werden kann, kann dir das auch mit der Bewegung und einem übertriebenen Körperkult passieren. Wenn dein ganzer Lebensinhalt darin besteht, Sport zu treiben und dich zu Höchstleistungen anzuspornen, kann sich das verselbstständigen.

Versteh uns nicht falsch. Wir möchten, dass du dich gesund ernährst und dass du dich bewegst.

Aber je mehr Aufmerksamkeit du einer Sache widmest, desto mehr wirst du sie lieben. Je mehr deine Gedanken sich um Essen, deine Figur, deine Fitness und deine Gesundheit drehen, desto mehr verlagert sich deine Suche und wird zur Sucht. Deine Sehnsucht, dich mehr zu entfalten und dein Potenzial besser auszuleben, wird leider nicht erfüllt, nur verschoben.

> Deine Sehnsucht, dich mehr zu entfalten und dein Potenzial besser auszuleben, wird leider nicht erfüllt, nur verschoben.

Beate F. erzählte in einem Interview beim Ladys Day 2016 in Appenweier, dass sie zu denjenigen gehört, die quasi den Sport erfunden haben. »Ich habe durch den Lebe-leichter-Kurs angefangen, über mein Leben nachzudenken und mal tiefer in mich hineinzuhören. Ich war ständig in Bewegung, rast- und ruhelos und habe gemerkt, dass vieles in meinem Leben nicht mehr gestimmt hat. Sport war mein Lebensinhalt, mein Essverhalten war total desolat. Das habe ich mit dem Lebe-leichter-Programm wieder in den Griff bekommen und ich spüre, wie sich in mir drin etwas verändert hat.

Ein Satz im Lebe-leichter-Buch hat mich sehr angesprochen. Sinngemäß steht da: Wer durch die Beziehung zu Gott den Sinn seines Lebens gefunden hat, für den hört die hektische Suche nach dem nächsten Kick auf. Ich habe zwar nicht unbedingt einen Kick gebraucht, aber stand ständig unter Strom. Für mich war das der Auslöser, die Gottesdienste in der Gemeinde zu besuchen, und um Gott in mein Leben zu lassen.«

Beate ist immer noch sehr sportlich, aber die Suche in ihrem Inneren war beendet, als sie Gott in ihr Herz ließ.

Heike

Naturverbunden

»Ich finde Gott in der Natur!«, erzählte mir Andrea, die ich auf einem Wochenendseminar kennenlernte. Nicht nur für sie, sondern für viele Menschen ist die Natur der wichtigste Ort, um Ruhe und Entspannung zu finden. Ich kann das verstehen.

Ich wohne an der badischen Weinstraße zwischen Weinreben und Obstplantagen. Zwischen den Bergen des Schwarzwaldes und der Rheinebene. Immer wieder bin ich fasziniert von der

Schönheit der Natur. Kein Gemälde könnte schöner sein. Eine Landschaft, von Meisterhand geschaffen.

Unseren Urlaub verbringen wir auf Sardinien. Jedes Jahr bin ich neu beeindruckt, von der Gewalt des Wassers, von der kargen Landschaft und den naturbelassenen Felsen. Und im Winter stehe ich auf Skiern vor der Eigernordwand und frage mich, ob Gott wohl ein bisschen angeben wollte, als er dieses Stückchen Erde geschaffen hat. Mit der Natur hat Gott uns eine kleine Ahnung seiner Größe geschenkt. Es ist gut und wichtig, Respekt vor den Tieren und Pflanzen zu haben, aber bei aller Naturverbundenheit sollte dies nicht zu deinem Lebensinhalt werden.

Die Schöpfung kann niemals den Platz des Schöpfers in deinem Herzen einnehmen.

Heike

Der Kirchenvater Augustinus schrieb einmal:
Ich fragte die Erde und sie sagte: Ich bin nicht dein Gott! Ich fragte das Meer und den Abgrund und sie antworteten: Wir sind's nicht, suche über uns.
Ich fragte den Himmel, die Sonne, den Mond und die Sterne. Sie antworteten: Wir sind nicht Gott, den du suchst. Und ich sagte zu allen: Sagt mir etwas von ihm! Und sie antworteten mit einer Stimme: Er hat uns geschaffen.

Auf der Suche nach Spiritualität

»Wenn ich in einem anderen Land auf die Welt gekommen wäre, wüsste ich doch gar nichts von der Bibel und von Jesus. Dann wäre ich vielleicht Moslem oder Buddhistin.« Meine Tochter war sehr nachdenklich. Jede der Weltreligionen geht auf jeden Fall davon aus, dass alle Menschen eine Sehnsucht nach Gott haben. Aber während der Islam nur einen Gott kennt, lehrt das Christentum den dreieinigen Gott, Vater, Sohn und Geist – und im Hinduismus gibt es Millionen von Göttern.

Ist es nun egal, an was ich glaube, nach dem Prinzip: Alle Wege führen nach Rom? Vor lauter Toleranz dürfen wir die Frage nicht vergessen: Gibt es eine Wahrheit? Gibt es nun einen Gott, den dreieinigen Gott, viele Götter oder vielleicht gar keinen? Wahr ist, dass nur eine Antwort stimmen kann. Kann es nach dem Tod sowohl Himmel und Hölle als auch ein Nirwana geben? Kann ich gleichzeitig an die unverdiente, alles vergebende Gnade Gottes glauben und an die Verbesserung meines Karmas durch Götzenverehrung oder Meditation?

Wir glauben: Es kann nur eine Wahrheit geben.

Esoterik

In der Esoterik sammelt sich Wissen aus unterschiedlichen Religionen, Philosophien und Lebensanschauungen. Ursprünglich bezeichnet Esoterik seit der Antike ein religiöses Geheimwissen, das nur einem inneren Kreis von Eingeweihten zugänglich ist. Heutzutage ist Esoterik ein Sammelbegriff für verschiedenste weltanschauliche Strömungen, von denen viele von fernöstlichen Weltanschauungen beeinflusst sind. So unterschiedlich esoterische Formen auch sind, allen ist gemeinsam, dass sie übergeordnete Zusammenhänge sehen, etwa zwischen den Sternen und unserem Leben, und dass diese aus geistiger, metaphysischer Sicht erklärt werden. Eine rein naturwissenschaftliche Betrachtungsweise wird abgelehnt. Fernöstliche Spiritualität, Astrologie, Geomantie, Okkultismus, Magie und auch manche Angebote der alternativen Medizin oder Teile der UFO-Bewegung sind nach außen sichtbare Teilbereiche der Esoterik.

Manche Menschen praktizieren ganz bewusst einen esoterischen Lebensstil, während die meisten Menschen, die für »mehr Spiritualität« in ihrem Leben offen sind, gar nicht wissen, dass vieles von dem, was sie in diesem Bereich tun, auch ihren Geist und ihre Beziehung zu Gott beeinflusst.

Yoga

Mittlerweile gehört Yoga zu den anerkanntesten Methoden, um Beweglichkeit und Entspannung zu fördern, und wird von den meisten Krankenkassen bezuschusst. Was dabei nur wenigen Menschen bewusst ist: Yoga vermittelt nicht nur gute Dehnübungen. Dahinter steht eine religiöse Philosophie aus Indien. Yoga ist nicht nur Sport. Du denkst, du bewegst und dehnst nur deinen Körper, aber eigentlich geht es um dein Innerstes. Das letzte Ziel des Yoga ist, den Geist zu bewegen und das Einswerden mit sich und dem Universum zu erreichen.

Alternative Heilmethoden

Auch die alternative Medizin erlebt zurzeit Hochkonjunktur. Gegen natürliche Heilmethoden ist gar nichts einzuwenden. Viele Pflanzen haben eine heilende Wirkung, die wir uns zunutze machen können. Aber die Alternativmedizin wird immer mehr von esoterischem Gedankengut und Methoden durchzogen, die letztlich auf den Geist abzielen.

So sind homöopathische Mittel oder Bachblüten eben nicht nur verdünnte Grundsubstanzen, die in unserem Körper durch das Ähnlichkeitsprinzip wirken. Die Referentin, eine Ärztin, die auf dem Frauentag in Würzburg zum Thema »Spirit« gesprochen hat, erklärte, dass in den homöopathischen Kügelchen kein nachzuweisender Wirkstoff mehr enthalten sei. Es gehe auch nicht um den Wirkstoff, sondern um dessen energetischen Abdruck, der den Geist und die Seele beeinflussen soll, erläuterte sie.

Auf der Suche nach dem Übernatürlichen

Hast du schon einmal etwas Übernatürliches erlebt? Etwas, was du mit deinem Verstand nicht erklären kannst? Vielleicht in einem Moment, in dem du von einer Person angerufen wirst, an die du gerade gedacht hast. Das begeistert uns und wir fragen uns, wie so etwas passieren kann. Wir sind offen für übernatürliche Phänomene. Sobald etwas »unglaublich« oder »phänomenal« ist, staunen wir und fragen uns: »Gibt es sie, die höhere Macht?« Und wenn ja, wie sieht sie aus?

Als junges Mädchen war ich sehr abergläubisch. Ich erschrak vor schwarzen Katzen, die über die Straße liefen, berührte Schornsteinfeger, wenn ich einen traf, ich suchte auf der Wiese nach vierblättrigen Kleeblättern und goss an Silvester Blei. Außerdem glaubte ich an Horoskope. In allen Zeitschriften, die ich las, suchte ich als Erstes mein Sternzeichen und las für mich die Voraussage für meinen Tag, meine Woche, mein Jahr, mein Leben. Gab es ein negatives Horoskop, blieb ich schon mal einen Tag lang im Haus, um kein Risiko einzugehen. Diesen Aberglauben habe ich schon vor vielen Jahren abgelegt, denn ich weiß ja, dass es ein Irrglaube ist. Aber noch heute kommen diese Gedanken in mir hoch, wenn vor mir eine schwarze Katze über die Straße läuft.

Heike

Du denkst an jemanden und plötzlich steht derjenige vor der Tür. Du kannst den geplanten Ausflug nicht unternehmen, weil du krank geworden bist, und auf der Strecke, die du gefahren wärst, passiert ein Unfall. Solche und andere Phänomene begeistern uns, Übernatürliches lässt uns eine Ahnung davon bekommen, dass es mehr gibt, als wir mit unserem Verstand erklären können.

Gibt es eine Wahrheit?

Während Heike und ich an diesem Buch schrieben, zogen wir von dem Haus, in dem wir 24 Jahre gewohnt haben, in eine Neubauwohnung mit mehreren Mietparteien. Einen Tag vor dem Einzug warf ich unseren neuen Nachbarn ein »Kennenlernbriefchen« in den Kasten.

»An diesem Samstag ziehen wir ein und weil es ja manchmal dauert, bis man alle Mitbewohner kennengelernt hat, stellen wir uns schon mal kurz vor. Mein Mann ist seit 30 Jahren Pastor einer Freikirche in Würzburg, ich bin seit vielen Jahren selbstständige Diätassistentin und von unseren fünf Kindern zieht nur noch der Jüngste mit uns um. Wenn es am Samstag mal rumpelt, der Umzugswagen im Hof steht oder der Aufzug dauernd belegt ist, bitten wir um Nachsicht. Am Sonntag dürfte der größte Teil geschafft sein. Und wenn Sie mal ein Pfund Kaffee leihen wollen oder einen Liter Milch: Einfach klingeln!«

Seit dem Einzug steht der Volvo meines Mannes in der Tiefgarage, direkt neben dem Aufzug – mit einem nicht zu übersehenden Aufdruck unter dem Autokennzeichen: »Jesus Christ, the only way to heaven.« Jesus Christus, der einzige Weg in den Himmel.

»Wow«, denke ich. »Ganz schön provokant, dieser Absolutheitsanspruch der Bibel.« In der heutigen Zeit ist es nicht üblich und gilt als intolerant, so absolute Aussagen zu vertreten. Man einigt sich: Jeder hat recht. Alle haben ein bisschen recht. Ich lasse dich stehen und du lässt mich stehen. Nichts Genaues weiß man nicht.

Ich bin gespannt auf unsere neuen Nachbarn. Werden sie sich beim Pastor und seiner Frau unbefangen ein Pfund Kaffee leihen? Und wird der Aufkleber mal für Gesprächsstoff sorgen?

Beate

Ob ich jetzt meditiere, meinen Frieden im Wald finde, mich sozial engagiere oder der Bhagwan-Lehre anhänge ... ist es nicht egal, woran ich glaube?

Wir meinen, die richtige Frage lautet: »Gibt es eine Wahrheit? Und was ist die Wahrheit?«

Tolerant zu sein und die Meinung und den Glauben anderer Menschen zu respektieren ist wichtig und richtig. Und doch glauben wir fest, dass es nur eine Wahrheit gibt – und es gibt eine Lösung für die Glückssuche der Menschen. Du findest sie in der Bibel.

> »Gibt es eine Wahrheit? Und was ist die Wahrheit?«

> Jesus sagte zu ihm: »Ich bin der Weg, die Wahrheit und das Leben. Niemand kommt zum Vater außer durch mich.«
> Johannes, 14,6

Wir glauben, dass Gott der Schöpfer des Universums ist und dass die Bibel wahr ist. Alles, was wir im Alten und Neuen Testament lesen, ist zwar von Menschen geschrieben worden, aber wir glauben, dass es durch den Heiligen Geist inspiriert wurde und dass wir die Bibel zu 100 % ernst nehmen können. Wir wollen nichts verwischen, nichts kleinreden, nichts zufügen, aber auch nichts wegnehmen.

Zweifelst du ein bisschen? Das können wir verstehen. Woher wissen wir, dass die Bibel wahr ist? Wir glauben es. Wenn wir es beweisen könnten, müssten wir ja nicht glauben. Unser Glaube ist eine tiefe Überzeugung, die so sehr Teil von uns geworden ist, dass ein Leben ohne den Glauben für uns nicht mehr vorstellbar ist.

> Wir glauben, dass Gott der Schöpfer des Universums ist und dass die Bibel wahr ist.

> Im Bauch einer Schwangeren wuchsen Zwillinge heran. Der kleine Gläubige und der kleine Zweifler. Der kleine Zweifler fragte den kleinen Gläubigen: »Glaubst du eigentlich an ein Leben nach der Geburt?« Der kleine Gläubige: »Ja klar, unser Leben hier im Bauch

ist nur dazu gedacht, dass wir stark werden für das, was uns nach der Geburt erwartet.« Der kleine Skeptiker: »Blödsinn, das gibt es nicht. Wie soll denn das aussehen, ein Leben nach der Geburt?« Der kleine Gläubige: »Das weiß ich auch nicht. Es wird bestimmt heller sein als hier. Vielleicht werden wir rumlaufen und mit dem Mund essen.« Der kleine Skeptiker: »So ein Quatsch. Rumlaufen, das geht doch nicht. Und mit dem Mund essen, was für eine Idee. Wir bekommen doch alles durch die Nabelschnur. Und zum Rumlaufen ist auch die Nabelschnur viel zu kurz.« Der kleine Gläubige: »Das geht bestimmt. Es wird eben alles anders werden.« Der kleine Skeptiker: »Es ist nie einer zurückgekommen nach der Geburt. Mit der Geburt ist das Leben zu Ende. Und das Leben hier ist nichts als Quälerei. Und dunkel.« Der kleine Gläubige: »Auch wenn ich nicht genau weiß, wie das Leben nach der Geburt aussieht, jedenfalls werden wir dann unsere Mutter sehen und sie wird für uns sorgen.« Der kleine Skeptiker: »Mutter? Du glaubst an eine Mutter? Wo ist die denn, bitte?« Der kleine Gläubige: »Na hier, überall, um uns herum. Wir sind in ihr und leben in ihr und durch sie. Ohne sie könnten wir doch gar nicht sein.« Der kleine Skeptiker: »Quatsch. Von einer Mutter habe ich ja noch nie was gehört. Also gibt es sie auch nicht.« Der kleine Gläubige: »Manchmal, wenn wir ganz still sind, kannst du sie singen hören – oder spüren, wie sie unsere Welt streichelt.«

Verfasser unbekannt

So wie sich der ungeborene Zweifler die Welt außerhalb des Mutterleibes nicht vorstellen kann und sie doch existiert, genauso wenig können wir uns die Fülle Gottes, seinen Beistand, sein Eingreifen vorstellen. Und doch ist Gott real. Wer an Wunder glaubt, wird sie erleben. Wir glauben an die Existenz und das Wirken Gottes. Die Bibel ist für uns der Maßstab und die Richtschnur für unser Leben.

DIE ANTWORT

Von Gott geschaffen

In der Bibel lesen wir, dass Gott den Menschen nach seinem Bild geschaffen hat, als Mann und Frau. Dich und mich.

»Mich auch?«, fragst du dich jetzt vielleicht gerade. Klar, dich auch, genau so, wie du bist.

All die wunderbaren Eigenschaften, die wir als Menschen haben, hat Gott in uns hineingelegt. Du kannst fühlen, trösten und lieben. Diese Eigenschaften hat Gott uns geschenkt, indem er uns den Atem des Lebens eingehaucht hat. Genauso wie er es bei Adam gemacht hat. Und auch wir wurden lebendig.

Hast du schon einmal darüber nachgedacht, dass Gott damals nur dem Menschen den Atem eingehaucht hat, aber nicht den Tieren? Und sie leben trotzdem. Es scheint also ein Unterschied zwischen Menschen und Tieren zu bestehen. Nach seiner Erschaffung hat der Mensch in Einheit und in Gemeinschaft mit Gott gelebt. Du kennst die Geschichte aus dem Alten Testament. Adam und Eva hatten keine Krankheit, weder Blasen- noch Kehlkopfentzündung. Bestimmt auch keine Gewichtsprobleme. Es gab keinen Streit, kein Leid, keine Störung. Wäre die Geschichte so weitergegangen, würden sie glücklich und zufrieden bis an ihr Lebensende leben. Gab es denn überhaupt ein Lebensende? War es nicht vorherbestimmt, dass der Mensch ewig leben sollte? In dieser Gemeinschaft mit Gott? Im Paradies? War das nicht der Plan Gottes?

Die Trennung

Aber der Mensch lehnte sich gegen Gott auf. Auch das unterscheidet uns von den Tieren. Ein Tier kann sich nicht gegen Gott auflehnen, wir Menschen aber haben einen freien Willen, uns war und ist das möglich. Gott lässt uns immer die Wahl.

Weißt du, dass du immer die Wahl hast?

Auch Adam und Eva hatten die Wahl. Du weißt, was damals geschah, als sich Eva von der Schlange verführen ließ und Adam nicht genügend Autorität besaß, um sie davon abzuhalten. Der Mensch fiel in Sünde und musste von Gott getrennt werden. Was für ein Drama. Wie schön hätte alles sein und bleiben können. »Hätte Eva damals doch nicht…«, denke ich hin und wieder, wenn die Sorgen des Lebens scheinbar zu schwer werden. Aber sie hat. Und Adam auch. Und ich auch. Täglich. Und du?

Sterblich

Diesen Ungehorsam konnte Gott nicht zulassen. Adam und Eva mussten das Paradies verlassen. In diesem Moment wurden wir Menschen sterblich. Seitdem ist unser Körper dem Verfall ausgeliefert und muss einmal sterben.

> Seitdem sehnen wir Menschen uns nach dem Leben und dem Zustand, den Gott eigentlich für uns vorgesehen hat.

Seitdem sehnen wir Menschen uns nach dem Leben und dem Zustand, den Gott eigentlich für uns vorgesehen hat. Ein Leben mit sinnvollen Aufgaben, so wie Adam und Eva von Gott beauftragt worden waren, die Erde fruchtbar zu machen und über sie zu herrschen. Und wir sehnen uns nach dem immerwährenden »Draht« zu Gott, so wie damals, als Gott mit Adam und Eva in der Kühle des Abends umherging und mit ihnen redete. Diese Sehnsucht, diesen Wunsch, hat Gott in jedes menschliche Herz hineingelegt. Auch in deins.

Aber lässt sich diese Trennung wiedergutmachen? Lässt sich diese ursprüngliche Beziehung zu Gott wiederherstellen?

Ewiges Leben

Vielleicht hast du schon einige Versuche gestartet, diese Sehnsucht nach Sinn und Lebendigkeit in dir zu stillen. Vielleicht hast du es mit religiösen Übungen versucht, oder mit Yoga, mit gesunder Ernährung, Meditation. Vielleicht hat es sich anfangs für dich richtig angefühlt. Weil es etwas Neues war, weil es dir für eine Weile eine gute Balance gegeben hat. Aber du merkst mit der Zeit, dass dir das nicht ausreicht. In deinem tiefsten Inneren spürst du immer noch diese Nichtlebendigkeit.

»Jetzt macht es nicht so spannend«, denkst du vielleicht gerade. »Da kommt doch sicherlich jetzt die Lösung.« Klar, so, wie wir sie erlebt haben, so, wie wir das aus der Bibel heraus verstehen, und das geben wir dir gerne weiter.

Der Rettungsplan

So, wie dein Innerstes sich nach einer Beziehung zu Gott sehnt, so sehnt sich Gott nach dir. Wie aber konnten die Menschen weiter vor Gott bestehen, nachdem sie sich gegen ihn aufgelehnt haben?

Gott wusste, dass wir es alleine nicht schaffen werden. Er wusste, dass unsere guten Taten nicht ausreichen würden, um vor ihm zu bestehen. Du kannst in deinen Augen und in den Augen deiner Freunde ein noch so guter Mensch sein, aber das reicht nicht, um vor Gottes Heiligkeit zu bestehen.

> Gott sandte seinen eigenen Sohn Jesus in die Welt, um für die Sünden der Menschen zu sterben.

Und hier kommt Gottes Rettungsplan: Gott sandte seinen eigenen Sohn Jesus in die Welt, um für die Sünden der Menschen zu sterben. Jedem, der den Kreuzestod von Jesus als stellvertretende Strafe für seine Schuld akzeptiert und Jesus zum Mittelpunkt seines Lebens macht, wird komplett die Schuld vergeben – und gleichzeitig wird die verloren gegangene Beziehung zu Gott wiederhergestellt.

> Denn Gott hat die Welt so sehr geliebt, dass er seinen einzigen
> Sohn hingab, damit jeder, der an ihn glaubt, nicht verloren geht,
> sondern das ewige Leben hat. Gott sandte seinen Sohn nicht
> in die Welt, um sie zu verurteilen, sondern um sie durch seinen
> Sohn zu retten. Wer an ihn glaubt, wird nicht verurteilt.
> Wer aber nicht an ihn glaubt, ist schon verurteilt, weil er nicht
> an den Namen des einzigen Sohnes Gottes geglaubt hat.
> Johannes 3,16-18

Die neue Geburt

Der Schlüssel für dieses neue Leben ist eine Erfahrung, die die Bibel als eine Geburt bezeichnet. Jesus selbst sagte mal einem jüdischen Theologen, der zu ihm kam: »Ich versichere dir: Wenn jemand nicht

von neuem geboren wird, kann er das Reich Gottes nicht sehen.«
(Johannes 3,3)

Woher weißt du, dass du einen leiblichen Vater hast? Weil du geboren wurdest! Du bist von deinem leiblichen Vater gezeugt worden. Eine natürliche Geburt ist das Ergebnis davon, dass eine Eizelle und eine Samenzelle miteinander verschmelzen. Die Eizelle empfängt und verbindet sich mit dem Samen und das setzt das neue Leben frei!

Auch bei der geistlichen Geburt findet solch eine Verschmelzung, eine Zeugung statt. Die Samenzelle ist das Evangelium, die Eizelle ist das menschliche Herz.

Wenn dein Geist neu geboren werden soll, musst du das, was Jesus am Kreuz für dich getan hat, im Glauben annehmen und dich ihm anvertrauen!

Wenn sich dein Herz für das Evangelium öffnet, wenn du »Ja« dazu sagst und dich Jesus Christus anvertraust, setzt das geistliches Leben frei. Du wirst geistlich ausgedrückt, neu geboren und Gott ist dein Vater.

> Und so seid ihr alle Kinder Gottes durch den Glauben
> an Jesus Christus.
> *Galater 3,26*

Was für ein Plan! Da sind wir unser ganzes Leben lang auf der Suche nach Gott, und dabei ist es so einfach. Wir meinen immer, es müsste uns doch etwas kosten, gerecht zu werden. Wir müssen doch etwas leisten, um in dieser Beziehung mit Gott leben zu können und vor allen Dingen ewiges Leben zu erreichen. Und jetzt lesen wir, dass Gott gar keine Leistung verlangt. Unsere Beziehung zu Gott ist

> Du brauchst kein guter Mensch zu sein, du brauchst nur »Ja« zu Jesus zu sagen und er vergibt dir auf der Stelle.

129

ein Geschenk, das wir nur annehmen müssen. Du brauchst kein guter Mensch zu sein, du brauchst nur »Ja« zu Jesus zu sagen und er vergibt dir auf der Stelle. Und in dem Moment, in dem du das in deinem Herzen entscheidest, indem du Jesus dein Leben gibst, wird dein Geist von Neuem geboren.

Das passiert unsichtbar, aber für dich spürbar. Das kann man kaum mit Worten beschreiben, aber es ist so, als bläst Gott dir wieder seinen Odem ein und du erhältst ein neues Leben. Ewiges Leben.

Der Unterschied

Jahrelang bin ich sonntags zum Gottesdienst gegangen. Und hatte trotzdem das Gefühl, meine Gebete enden an der Kirchendecke. Als ich verstand, dass die Beziehung zu Gott ein Geschenk ist, das ich annehmen darf, betete ich: »Jesus, danke, dass du für meine Schuld ans Kreuz gegangen bist. Ich nehme dein Geschenk an und lade dich in mein Herz ein. Mach mich neu.« Das war der Durchbruch. Plötzlich wusste ich ganz tief in meinem Geist (Spirit): Jetzt ist meine Verbindung zu Gott niet- und nagelfest. Ich kann mit allem zu ihm kommen. Er hört jedes Gebet. Er ist immer für mich da. Ein altes Kirchenlied nennt es »seliges Wissen, Jesus ist mein«. Für mich war es, als hätte Jesus in mir das Licht angeknipst.

Der Unterschied zwischen Religiosität und Glauben ist eine Beziehung! Die Beziehung zu Jesus.

Beate

Nicht billig, aber einfach

Ich selbst habe das vor über 30 Jahren erlebt. Als junges Mädchen habe ich mir meinen Gott selber zusammengebastelt. Eine Bibel besaß ich nicht, so konnte ich auch nicht das Wort Gottes studieren. Dafür ließ ich meiner Fantasie freien Lauf. Kombiniert mit meinem Aberglauben stellte ich mir Gott so vor, dass er jeden Menschen nach seinen Taten beurteilt. Dass es eine bestimmte Punktzahl zu erreichen gibt, und die entscheidet dann, ob man in den Himmel oder in die Hölle kommt. Woher ich diesen Gedanken hatte? Keine Ahnung, mir hat er gefallen. Allerdings wusste ich auch, dass ich nicht so ein guter Mensch bin und dass es mir bestimmt schwerfiel, die volle Punktzahl zu erreichen. Also hielt ich mich mehr an meinen Aberglauben und machte mir nicht so viele Gedanken über mein Leben nach dem Tod. Ich war noch jung.

Mit 18 Jahren lud mich eine Freundin in ihre Kirche ein. Eine evangelische Freikirche. Das kannte ich gar nicht. Ich kannte katholisch und evangelisch. Ich war katholisch. Es gefiel mir gleich beim ersten Besuch sehr gut, vor allen Dingen die Art, wie die Menschen dort ganz praktisch ihren Glauben lebten und mit Gott redeten. Außerdem berührte mich die Art von Lobpreismusik. Ich fing an die Bibel zu lesen, regelmäßig die Gottesdienste zu besuchen und mich für Gott zu öffnen. Das erste Mal in meinem Leben erklärte ich mir meinen Gott nicht durch meine eigenen Vorstellungen, sondern hatte sein Wort schwarz auf weiß.

Ich kam an eine Bibelstelle aus Matthäus: »Wer sich hier auf der Erde öffentlich zu mir bekennt, den werde ich auch vor meinem Vater im Himmel bekennen. Aber wer mich hier auf der Erde verleugnet, den werde ich auch vor meinem Vater im Himmel verleugnen.« (Matthäus 10,32-33)

Ich hatte mich nie öffentlich zu Jesus bekannt. Ich kannte ihn ja auch noch gar nicht. Ich las diese Stelle immer wieder und stellte mir selbst die Frage: »Kenne ich Jesus? Wie kann man ihn denn kennen? Was bedeutete das, und was hat das für Folgen?« Mit diesen Fragen und einem Gebet im Herzen schlief ich ein.

Am nächsten Morgen, es war Karfreitag, besuchte ich den Gottesdienst. Während des ganzen Vormittags ging es in den Liedern nur darum, dass Jesus für unsere Sünden gestorben sei. Ich war ergriffen, aber so richtig konnte ich die Bedeutung nicht fassen. Dann leitete der Pastor das Abendmahl ein. Es war das erste Mal, dass ich in dieser Gemeinde ein Abendmahl mitbekam. Er begann mit den Worten: »Wer nun aber unwürdig den Leib des Herrn zu sich nimmt, der macht sich mit schuldig am Tod des Herrn.«

Damit war für mich klar. »Ich nehme es nicht!«

Der Pastor sprach weiter: »Wenn aber hier jemand unter euch ist, der Schuld auf sich geladen hat und davon befreit werden möchte, der braucht nur zu sagen: ›Vergib mir!‹ Das klingt billig, das klingt einfach. Billig war es nicht. Es hat Jesus alles gekostet, aber einfach ist es. Du brauchst nur zu sagen: ›Vergib mir!‹«

Mir fielen spontan einige Dinge ein, von denen ich wusste, dass sie nicht in Ordnung waren. Mein schlechtes Gewissen rührte sich, und plötzlich kam die Wahrheit in mein Leben.

Tränenüberströmt saß ich zwischen den anderen 400 Menschen und dachte, dass diese Worte nur an mich gerichtet seien. Während die anderen ihre Häupter neigten und auf das Abendmahl warteten, fing mein Herz wie wild an zu klopfen. Ich stand vor einer Entscheidung. Ich murmelte auf meinem Platz immer wieder: »Vergib mir!« Dann kam der Teller mit dem Brot zu mir. Ich hatte meine Entscheidung getroffen, nahm das erste Mal in meinem Leben bewusst den Leib des Herrn zu mir in dem Bewusstsein, dass er diesen für mich und meine Schuld hingegeben hat. Und ich trank aus dem Kelch mit der Gewissheit, dass meine Sünden vergeben waren, weil Jesus mit seinem Blut dafür bezahlt hatte. Ich war bereit, Jesus auf dieser Erde vor den Menschen zu bekennen.

Es war meine Entscheidung, die ich Gott ganz alleine mitteilte. Ich wusste noch nichts von »Bekehrung« oder »Wiedergeburt«. Jesus selbst hatte mir die Notwendigkeit dieser Entscheidung durch sein Wort offenbart. Für mich war es der Moment, in dem Gott seinen Odem in meinen Geist geblasen hat. Mein Innerstes wurde lebendig und Jesus wurde das Zentrum meines Lebens.

Heike

Überrascht von Gott

Heike und ich haben so viele Parallelen in unserer Biografie – und erst jetzt erfahre ich, dass auch sie als Kind katholisch aufgewachsen ist. Das wusste ich noch gar nicht. Aber du merkst schon: Eine Konfession spielt bei uns eigentlich keine Rolle. Bei uns geht's um die Beziehung zu Gott.

Und wie bei Heike wurde auch mein Gottesbild auf den Kopf gestellt, als ich 18 Jahre alt war. Aber es war keine Freundin, die mich in ihre Freikirche einlud, sondern der katholische Bezirksdekan. Ich war in der Abschlussklasse des Gymnasiums und der Bezirksdekan war mein Religionslehrer.

Er hatte durch eine Gruppe junger charismatischer Christen aus Norwegen eine gewaltige Belebung seines Glaubens erfahren und nahm diese jungen Leute mit in seine Schulklassen. Eine Handvoll Norweger hatten in der schönen Domstadt Limburg eine Wohnung angemietet und lebten dort ein Stück Apostelgeschichte, so würde ich das heute nennen. »Gemeinsam beteten sie täglich im Tempel zu Gott, trafen sich zum Abendmahl in den Häusern und nahmen gemeinsam die Mahlzeiten ein, bei denen es fröhlich zuging und großzügig geteilt wurde.« (Apostelgeschichte 2,46) Sie nahmen dabei viele Unbequemlichkeiten auf sich, nur um ein Segen für die Stadt zu sein und dort von ihrem Glauben an Jesus zu erzählen.

Bis dahin war ich »gut katholisch« gewesen. Mit regelmäßigen sonntäglichen Gottesdienstbesuchen, ich hatte jahrelang Kindergruppen in der Kirche geleitet und war Mitglied des Kirchenchors, Sopran. Auch in der Kirchenjugend war ich aktiv. Obwohl ich keine ernsten Zweifel an der Existenz Gottes hatte: Eine Beziehung zu Gott hatte ich aber auch nicht. Es war ein Kopfding – und hatte nichts mit meinem Herzen zu tun.

Die Schulklasse war proppenvoll, ich glaube, wir waren an diesem Tag fast 40 Schüler, die den jungen Leuten zuhörten. Eine junge Frau, die durch die Scheidung ihrer Eltern auf Abwege gekommen und in Drogen hineingeraten war, erzählte, wie Jesus sie von Bitterkeit und Drogensucht befreit hatte. Auch die anderen aus dem Team erzählten ähnlich krasse Dinge, die sie mit Gott erlebt hatten. »Wenn mich jetzt jemand fragen würde, was ich grade denke, würde ich sagen, wie gut mir das alles gefällt, was sie erzählen«, dachte ich. In diesem Moment fragte mein Religionslehrer: »Na Beate, was hältst du davon?«

Und meine Begeisterung sprudelte einfach aus mir heraus. Ich glaube, genau in diesem Moment hatte ich es schon begriffen: Es gibt einen Gott, der mich ganz persönlich liebt. Der jedes meiner Gebete hört und der mit mir reden will. Und das war »mein« Moment, in dem Gott seinen Odem in meinen Geist geblasen hat. Mein Innerstes wurde lebendig und Jesus wurde das Zentrum meines Lebens. Nach der Stunde unterhielt ich mich mit den jungen Leuten, wurde regelmäßiger Gast in ihrer »Teestube«, der Arche... genauso wie der Bezirksdekan.

Es kam mir vor, als wäre in meinem Inneren ein Lichtschalter angeknipst worden. Ich war auch vorher ein positiver Mensch gewesen, aber jetzt war ich glücklich. Wochenlang wachte ich jede Nacht auf, konnte dieses neue Leben in mir kaum fassen, betete ein paar Minuten und schlief dann genauso glücklich wieder ein.

Ich war hoch ansteckend. Auch meine Schwester und meine Freundin wurden Besucher der Teestube. Ich war »die Erste« gewesen, aber nach nur wenigen Monaten war es ein großer, fast 40-köpfiger erwecklicher, freikirchlicher Kreis, der sich in »der Arche« traf.

Und weil der Bezirksdekan ein wohlwollendes Auge auf uns alle hatte, waren wir auch entspannt, dass wir hier keine Sonderlehren »serviert« bekamen. Aber das Wort Gottes wurde so gepredigt, dass ich es zum ersten Mal in meinem Leben richtig verstand und es umsetzen konnte. Es wurde für Kranke gebetet, wir hörten, wie Leute in Zungen beteten, und schließlich taten wir es auch. Falls du dich jetzt fragst, was das ist, kannst du mal in der Apostelgeschichte nachlesen, was an Pfingsten passiert ist. Als Feiertag ist Pfingsten jedem vertraut, aber gab's das tatsächlich? Gibt's das tatsächlich heute noch?

»Am Pfingsttag waren alle versammelt. Plötzlich ertönte vom Himmel ein Brausen wie das Rauschen eines mächtigen Sturms und erfüllte das Haus, in dem sie versammelt waren. Dann erschien etwas, das aussah wie Flammen, die sich zerteilten, wie Feuerzungen, die sich auf jeden Einzelnen von ihnen niederließen. Und alle Anwesenden wurden vom Heiligen Geist erfüllt und fingen an, in anderen Sprachen zu sprechen, wie der Heilige Geist es ihnen eingab.« (Apostelgeschichte 2,1-4)

Wir hielten Straßengottesdienste und nie, nie, nie ließ man mich aus der Arche nach Hause gehen, ohne dass jemand der »Geschwister« für mich gebetet hätte. Kein Wunder, dass mein Glaube raketenschnell wuchs. Ich war wie ein reifer Apfel, der zur richtigen Zeit gepflückt worden war.

Mit diesem brennenden Glauben an Jesus war es für mich nur logisch, mich zum Theologiestudium einzuschreiben. Tja, da hatte Gott wohl etwas anderes mit mir vor. An mir hat es nicht gelegen. Aber wenn man mich von der Seite des Ordinariats nicht »verwarnt« hätte, die Kontakte zu der Freikirche einzustellen, wäre ich wahrscheinlich katholische Gemeindereferentin geworden.

Aber der Ehepartner, den Gott für mich vorgesehen hat, der zu dieser Zeit allerdings noch nicht in »der Arche« war, dieser Mann und ich – das wäre katholisch wohl nicht zustande gekommen.

Es gibt einen roten Faden in unserem Leben – und immer wieder Kreuzungen. An der hast *du* verschiedene Möglichkeiten. Ich bin sicher, dass uns Gott öfter in unserem Leben an solche Kreuzungen führt. Wo du dich entscheiden kannst. Er brennt darauf, dass du richtig abbiegst.

Beate

Deine Entscheidung

Bist du auch schon so lange auf der Suche und findest das Ziel nicht? Vielleicht war es Gottes Absicht, dass du dieses Buch in die Hände bekommst. Vielleicht hat dir noch niemand die Zusammenhänge so erklärt, wie wir es hier tun. Ich war jahrelang jeden Sonntag in der Kirche und wusste nicht, dass ich eine Herzensbeziehung zu Gott haben kann. Ich wusste, dass mir etwas fehlt, aber ich hatte keine Ahnung, was.

Jesus will das Zentrum in deinem Herzen sein. Das hat nichts mit einer Konfession zu tun. Du kannst katholisch sein, evangelisch oder konfessionslos. Das ist eine Sache zwischen dir und Gott. Keine Kirche kann dir deine Bestimmung geben. Keine Denomination kann dein Innerstes ausfüllen. Das kann nur Gott. Wenn du dein Herz öffnest und ihn einlädst, der Herr in deinem Leben zu werden, dann wirst du diesen Atem

Jesus will das Zentrum in deinem Herzen sein.

Gottes spüren, der dich ganz ausfüllt und dir ein neues Leben gibt. Wenn du nicht so richtig weißt, wie du das ganz praktisch machen kannst, hilft dir folgendes Gebet:

Übergabegebet

Jesus, ich glaube an dich, den Sohn Gottes.
Danke, dass du ans Kreuz gegangen bist
und dort für meine Schuld bezahlt hast.
Ich bitte dich um Vergebung meiner Sünden.
Danke, dass du mir alle Schuld vergibst.
Ich lade dich in mein Leben ein. Mach es neu.
Hilf mir, die richtigen Schritte zu gehen,
und verändere mich so, wie du mich haben willst.
Amen.

Lebendig

Beate hat fünf, ich habe vier Kinder zur Welt gebracht. Wir beide können uns noch gut daran erinnern, wie diese winzigen Wesen in unseren Armen lagen. Hast du schon einmal ein Baby in deinem Arm gehalten? Weißt du, wie sich so ein Baby entwickeln wird? Weißt du, was es denkt, was es fühlt? Was es meint, wenn es schreit? Wir ahnen es, wenn die Windel voll ist, wir vermuten, wenn es Hunger hat, wir malen uns aus, dass es gerade zahnt, wir befürchten, dass es Blähungen hat. Aber sicher wissen tun wir es nicht. Was wir aber mit hundertprozentiger Sicherheit wissen, ist, dass das Baby in unseren Armen lebt.

So sieht die Neugeburt im Geist aus. Wenn du diese Entscheidung für Jesus getroffen hast, dann ist deine Suche beendet. Dann schafft Gott etwas Neues in dir und du lebst in Harmonie mit Gott und bist auch mit dir wieder eins. Gott schafft etwas Neues in dir, eine neue Schöpfung, und sein Geist macht dich lebendig. Der Geist Gottes sagt deinem Geist, dass du jetzt Gottes Kind bist.

> Gott schafft etwas Neues in dir, eine neue Schöpfung und sein Geist macht dich lebendig. Der Geist Gottes sagt deinem Geist, dass du jetzt Gottes Kind bist.

DIE VERÄNDERUNG

Äußerlich sichtbar

Wenn dein Geist wieder lebendig ist, dann fühlst du das durch und durch. Du spürst diese Veränderung. Es kommt Harmonie und Frieden in dein ganzes Leben. Das ist keine Philosophie, die wir uns selber ausgedacht haben, sondern die Wahrheit, wie sie im Wort Gottes steht.

Und wieder sind wir an dem Punkt, an dem wir merken, dass wir Körper, Seele und Geist nicht trennen können. Denn wie auch in den anderen Kapiteln wirst du feststellen, dass sich deine Beziehung zu Gott nicht nur auf deinen Geist auswirkt, sondern auch auf deine Seele und deinen Körper. Und das wird nach außen sichtbar.

Carmen und Reinhard wollten eigentlich nur ein Trampolin bei mir kaufen. Wir saßen zusammen im Esszimmer und kamen über das Trampolinspringen plötzlich vom Hundertsten ins Tausendste. Ausgelöst durch einen Blogeintrag von mir, begann Carmen von ihren Schwierigkeiten zu erzählen. Reinhard litt seit einigen Wochen an Schlaflosigkeit, die in einer Depression geendet hatte. Er war seit Wochen krankgeschrieben, und es wurde immer schlimmer. Carmen war völlig überfordert mit der Situation, er auf der Suche nach einer Lösung. Dann erzählten sie mir ihre Geschichte:

Carmen war verheiratet gewesen und hatte eine Tochter, Reinhard hatte mit seiner Freundin im gemeinsamen Haus gewohnt.

Schon seit einer Weile war Carmen in ihrer Ehe unglücklich, und so ließ sie sich auf eine Beziehung mit Reinhard ein. Die Ehe wurde geschieden, und auch Reinhard trennte sich von seiner Freundin. Zwei Jahre später heirateten die beiden. Die Geschichte blieb nicht ohne Folgen. Sie ernteten viel Unverständnis innerhalb der Familie und des Bekanntenkreises und erlebten von allen Seiten Ablehnung, aber auch Ungerechtigkeit. Ihre Lebensmaxime hieß Leistung, Besitz, Anerkennung und Erlebnisse. So wie es sich anhörte, war die Depression von Reinhard die Folge der ganzen seelischen Herausforderung, die er durchgemacht hatte.

Ich erklärte den beiden, dass ich keine Psychologin sei und ihnen keinen fachlichen Rat geben könne, aber dass ich gerne für sie bete. Dann lud ich sie für den nächsten Tag in den Gottesdienst ein. Sie kamen beide. Reinhard musste während des gesamten Gottesdienstes seine Beine auf einen Stuhl legen, weil er körperlich so schwach war. Mein Mann predigte über das Thema »Vergebung« und dass jeder, der Schuld in seinem Leben habe, diese Vergebung in Anspruch nehmen könne. »Wenn du Jesus um Vergebung deiner Schuld bittest, schenkt er dir ein neues, weißes Blatt Papier, auf dem du dein Leben neu schreiben kannst. Das Alte ist vergeben und vergessen.«

Reinhard gab an diesem Sonntag sein Leben in Gottes Hände, Carmen eine Woche später. Drei Wochen später war Reinhard komplett von seiner Depression geheilt und konnte wieder schlafen. Beide wurden sie ihre Schuld los und konnten so einen wirklichen Neuanfang machen. Bei Reinhard und Carmen war die Veränderung so offensichtlich, dass wir jede Woche staunten. Mit der Familie haben sie sich wieder versöhnt, sie ordneten ihre Finanzen, verlagerten ihre Prioritäten und bekamen als Geschenk Gottes eineinhalb Jahre später einen gemeinsamen Sohn. Heute gehören die beiden nicht nur zu unserem engen Freundeskreis, sondern sind sehr engagiert in der Gemeinde und Gott sehr hingegeben.

Heike

Christsein ganz praktisch

Gerade in der ersten Zeit, nach dieser Entscheidung für ein Leben mit Gott, wirst du dieses Hochgefühl haben. Was verändert sich nun aber ganz praktisch für dich?

Du weißt jetzt, dass du Jesus alles anvertrauen kannst. Dein ganzes Leben, deine Sorgen, deine Nöte, deine Herausforderungen. Du kannst mit ihm reden, das nennt man beten. Er weiß es sowieso schon, aber es tut einfach gut, Gott alles zu sagen und sich selbst nicht mehr zu sorgen. Wenn du etwas nicht verstehst, dann frag ihn.

> Er weiß es sowieso schon, aber es tut einfach gut, Gott alles zu sagen und sich selbst nicht mehr zu sorgen.

So wie ein Kind laufen lernt, darfst auch du erste Schritte im Glauben tun. Du musst noch keinen Sprint hinlegen. Lass dir Zeit im geistlichen Wachstum, aber bleib nicht stehen. Wir geben dir ein paar Ideen mit an die Hand, wie du deinen Glauben ganz praktisch umsetzen kannst.

Gott vertrauen – ER sitzt auf dem Thron

Beate und ich sind nicht nur die gemeinsamen Initiatorinnen von *Lebe leichter*, wir sind auch Freundinnen. Auch wenn knapp 300 km zwischen uns liegen, ist unsere Freundschaft oft nur einen Telefonanruf weit entfernt. So erzählen wir uns auch gegenseitig unsere Hochs und Tiefs im Leben. Die eine ist für die andere da, hört zu, betet mit, ermutigt und unterstützt. Gerade dann, wenn uns Herausforderungen begegnen, stützen wir uns gegenseitig. Und am Ende fällt oft ein Satz, der sich in mein Herz gebrannt hat: »Gott sitzt immer noch auf dem Thron, er hat alles unter Kontrolle.«

Seit meiner Entscheidung, mein Leben mit Jesus zu leben, stand ich schon vor vielen Herausforderungen. Manche schienen unüberwindbar zu sein. Was mir am Ende immer geholfen hat, war das Wissen darum, dass Gott auf dem Thron sitzt. Dass er meine Situation kennt, dass er weiß, was passiert ist und was passieren wird.

Es gab Momente, da wackelte dieses Vertrauen ganz schön und stand kurz vor dem Kippen. Der Unfall unseres zweiten Sohnes war so ein Moment. Da fiel es mir eine Weile sehr schwer, Gott noch zu vertrauen. Ich war herausgefordert an meinem Glauben und am Vertrauen festzuhalten. Ich wusste, ich muss eine Entscheidung treffen, für das Vertrauen oder dagegen. Da half kein »mal sehen, was die Zeit bringt«.

Gott zu vertrauen ist nicht immer einfach. Weil die Dinge nicht immer so ausgehen, wie wir uns das vorgestellt haben. Mir hat das Bewusstsein der Heiligkeit Gottes geholfen, meine eigenen Gefühle zu überwinden und ihm ganz zu vertrauen.

Deine Entscheidung, Gott zu vertrauen, ist die Voraussetzung, die Bibel als Maßstab für dein Leben zu setzen.

Heike

Die Bibel als Maßstab für dein Leben

Wir glauben, dass die Bibel das von Gott eingegebene Wort ist. Er hat es uns Menschen als Nachlass, quasi als Testament gegeben, damit wir eine Orientierung für unseren Lebenswandel bekommen. Die Bibel dient uns in so vielen Lebensbereichen als Wegweiser, Ermutigung und gibt uns einen Einblick in das Wesen Gottes. Wenn du eine Richtschnur für dein Leben als Christ suchst, dann lies täglich in der Bibel. Nicht als Pflichterfüllung, damit du dann ein besserer Christ bist. Das Wort Gottes beantwortet dir deine Fragen, lässt dich den Herzschlag Gottes spüren, weist dir in allen deinen Lebensbereichen den Weg und hilft dir, die richtigen Entscheidungen im Leben zu treffen.

Ist zu anstrengend?

Es gibt mittlerweile viele Bibelübersetzungen, die leicht verständlich geschrieben sind. Du musst ja nicht gleich mit der Luther- oder der Elberfelderübersetzung beginnen. Ich lese seit Jahren die Übersetzung »Neues Leben«, Beate liest die »Hoffnung für alle«. Beide Übersetzungen sind leicht verständlich und trotzdem ziemlich nah am Urtext. Oder wie wäre es mit einem Andachtsbuch, indem du täglich einen Vers mit passender Auslegung findest? Zumindest wäre das mal ein Anfang. So wie dein Körper die tägliche Nahrungszufuhr braucht, braucht dein Geist die geistliche Nahrung. Sonst verhungert er.

Wenn du dich für Jesus entschieden hast, ist dein Geist von Neuem geboren worden. Jetzt ist es wichtig, diesen neugeborenen Geist gut zu ernähren und ihn darauf vorzubereiten, mehr und mehr die Führung zu übernehmen. Dein innerer Mensch ist neu geworden. Aber deine Seele wird weiterhin Dinge tun wollen, die sie von früher kennt. Da sind noch alte Gewohnheiten, Gelüste, Dinge, die eigentlich im Widerspruch zu dem neuen Leben stehen. Bei Paulus war das so, also sei nicht überrascht, wenn es dir auch so geht.

> So wie dein Körper die tägliche Nahrungszufuhr braucht, braucht dein Geist die geistliche Nahrung.

Sogar der Körper von Paulus wollte offenbar gewohnheitsmäßig schlechte oder unnütze Dinge tun, sonst würde die Bibel nicht von diesem Kampf berichten. Er sagt sinngemäß: Ich lasse nicht zu, dass mein Körper und meine Seele über mich herrschen.

Denkt daran, dass alle wie in einem Wettrennen laufen, aber nur einer den Siegespreis bekommt. Lauft so, dass ihr ihn gewinnt! Jeder Athlet übt strenge Selbstdisziplin. Er tut das allerdings, um einen Preis zu erringen, dessen Wert verblassen wird – wir aber tun es für einen ewigen Preis. So halte ich mir stets das Ziel vor Augen und laufe mit jedem Schritt darauf zu. Ich kämpfe wie ein Boxer, aber nicht wie einer, der ins Leere schlägt. Mit der eisernen Disziplin eines Athleten bezwinge ich meinen Körper, damit er mir gehorcht. Sonst müsste ich befürchten, dass ich zwar anderen gepredigt habe, mich danach aber womöglich selbst disqualifiziere.

1. Korinther 9,24-27

Und im Galaterbrief steht:

Deshalb: Lebt so, wie es eurem neuen Leben im Heiligen Geist
entspricht. Dann werdet ihr auch nicht tun, wozu eure sündigen
Neigungen euch drängen. Die alte sündige Natur liebt es, Böses
zu tun – genau das Gegenteil von dem, was der Heilige Geist
will. Der Geist weckt in uns Wünsche, die den Neigungen unserer sündigen Natur widersprechen. Diese beiden Kräfte liegen
in ständigem Streit miteinander, sodass ihr nicht das tun könnt,
was ihr wollt. Doch wenn ihr vom Heiligen Geist geleitet werdet,
seid ihr nicht dem Gesetz unterworfen. Wenn ihr den Neigungen
eurer sündigen Natur folgt, wird euer Leben die entsprechenden
Folgen zeigen: Unzucht, unreine Gedanken, Vergnügungssucht,
Götzendienst, Zauberei, Feindschaften, Streit, Eifersucht, Zorn,
selbstsüchtigen Ehrgeiz, Spaltungen, selbstgerechte Abgrenzung
gegen andere Gruppen, Neid, Trunkenheit, ausschweifenden
Lebenswandel und dergleichen mehr. Ich wiederhole, was ich
bereits gesagt habe, dass niemand, der ein solches Leben führt,
das Reich Gottes erben wird. Wenn dagegen der Heilige Geist
unser Leben beherrscht, wird er ganz andere Frucht in uns wachsen lassen: Liebe, Freude, Frieden, Geduld, Freundlichkeit, Güte,
Treue, Sanftmut und Selbstbeherrschung. Nichts davon steht
im Widerspruch zum Gesetz. Diejenigen, die zu Christus Jesus
gehören, haben die Leidenschaften und Begierden ihrer sündigen
Natur an sein Kreuz geschlagen.
Galater 5,16-24

Eine Kirche

Damit du mit deinem Glauben nicht alleine bist, legen wir dir ans Herz, dir eine Kirche oder Gemeinschaft zu suchen, in der du deinen Glauben leben kannst. Die Konfession spielt dabei keine Rolle. Wo fühlst du dich wohl? Wo wird dein Glaube genährt? Wo hast du die Möglichkeit, so zu beten, wie du es möchtest? Das kann die Landeskirche sein, katholisch oder evangelisch. Das kann auch eine freie evangelische Kirche sein. Es gibt so viele verschiedene: Baptistengemeinden, Evangelische Freikirchliche Gemeinden, Pfingstgemeinden, Methodisten, Adventisten, Brüdergemeinden und viele mehr.

Nicht zu verwechseln mit irgendwelchen Gemeinschaften, die eine andere Lehre vertreten als die, die in der Bibel steht. Davor warnen wir ausdrücklich. Wenn du noch zu keiner Kirche gehörst, dann geh auf die

Jede Gemeinde lebt von den vielfältigen Fähigkeiten der einzelnen Menschen.

Suche. Schau dir die verschiedenen Gottesdienste an, besuche Hauskreise, sprich mit den Menschen dort, und lass dir von Gott zeigen, wo du deine geistliche Heimat finden kannst.

»Kann ich nicht auch ohne Kirche glauben?«, fragst du dich jetzt gerade. Klar kannst du das. Aber die Gemeinde wird in der Bibel mit einem Leib verglichen und nicht mit lauter herumfliegenden Körperteilen.

Der menschliche Körper hat viele Glieder und Organe,
doch nur gemeinsam machen die vielen Teile
den einen Körper aus. So ist es auch bei Christus
und seinem Leib.
1. Korinther 12,12

Außerdem bist du mit Gaben und Talenten ausgestattet, die du für Gott einsetzen kannst und auch solltest. Jede Gemeinde lebt von den vielfältigen Fähigkeiten der einzelnen Menschen.

In unserer Gemeinde in Würzburg, einer evangelischen Freikirche, gibt es viele Möglichkeiten, sich einzubringen. Keiner muss, aber jeder ist herzlich eingeladen, unsere Kirche zu einem Ort zu machen, wo jeder willkommen ist. Ob suchend, gläubig, von einer anderen Konfession, Menschen mit Problemen: Bei uns sollen sie auf jeden Fall auftanken können. Dafür haben wir verschiedene Angebote.

Frauenabende, Frauenwochenenden und -tage gibt's schon seit vielen Jahren bei uns. Außerdem haben wir Begrüßungsteams, die auf Gäste im Gottesdienst zugehen und sie willkommen heißen, Küchenteams, die die Bewirtung von Gottesdienstbesuchern organisieren. Wir haben Gebets- und Segnungsteams, einen Glaubensgrundkurs und einen Alpha-Kurs, Kindermitarbeiter, Pfadfinder, Seelsorgeteams, Hauskreise, wir veranstalten »Baby-Showers« für werdende Mütter und haben eine Krabbelgruppe. Ein Team gestaltet den einmal im Monat stattfindenden Gästegottesdienst. Eine Gruppe regelmäßiger Beter betet für die Christen in den Ländern, wo Menschen wegen ihres Glaubens verfolgt werden, und wir haben eine Kleiderausgabe für Menschen, die wenig Geld haben. Und während man seine eigenen Talente und Neigungen einfließen lässt, lernt man neue Leute und auch sich selbst ein bisschen besser kennen.

Ich habe in unserer Gemeinde 25 Jahre lang die »Kinderstunde« für die 6- bis 9-Jährigen gehalten. Erst als ich als Referentin immer öfter am Wochenende unterwegs war, habe ich diese Aufgabe abgegeben. Nach wie vor leite ich unsere Frauenarbeit. Mein schönster Job allerdings ist »Talentsucher«. Ich entdecke leicht das Potenzial in den Menschen und ermutige, motiviere, schubse und schiebe so lange, bis sie es sich zutrauen, sich aufraffen oder einfach in die Gänge kommen und das tun, wozu Gott sie geschaffen hat. Wenn ich dann sehe, wie glücklich es sie macht, nicht nur »Empfänger« zu sein, sondern auch »Geber«, dann bin ich auch glücklich.

Meine Vorstellung von Gemeinde ist die von einer funktionierenden Großfamilie: Es gibt »Babys«, das sind die, die vielleicht noch neu im Glauben und in der Gemeinde sind. Sie haben noch keine Aufgaben, sondern werden gut versorgt. Aber es gibt »Kinder«, »junge Erwachsene«, »Erwachsene mittleren Alters« und »Senioren«. Wenn jeder seine Aufgabe findet und ausübt, können in so einer »Familie« viele Menschen eine Heimat finden. Wenn ich sehe, welche Auswirkungen allein unsere Freundinnen-Abende haben, spornt mich das enorm an! Gemeinsam können wir die Welt zu einem besseren Ort machen. Es gibt Aufgaben innerhalb der Gemeinde, aber natürlich auch außerhalb.

Beate

Für andere da sein

Immer wieder erleben wir, dass Gott Menschen gebraucht, um anderen zu helfen, quasi als »Engel auf zwei Beinen«. Mal können wir ein Engel für jemanden sein, mal taucht genau zum richtigen Zeitpunkt ein Engel in unserem Leben auf. Manchmal merkt man nicht einmal, was man in einer Situation im Leben eines anderen Menschen ausgelöst hat. Dann ist es schön, wenn der andere es einem erzählt. Manchmal passieren Dinge, wo man denkt: Diesen Menschen hat Gott mir direkt geschickt! Als einen Engel auf zwei Beinen.

Eine Freundin von mir lag mit Brustkrebs, der schon im ganzen Körper gestreut hatte, im Krankenhaus und ich huschte öfters mal zu ihr rein, um einfach bei ihr zu sein. Im April waren wir zusammen für neun Tage in Israel gewesen und weil Tatjana gleich am Anfang der Reise den Akku ihres Fotoapparats verloren hatte, hatte ich mit meinem Handy an den legendären Stellen für ein paar schöne Aufnahmen von ihr gesorgt. So war unsere Freundschaft entstanden. Und ein halbes Jahr später lag sie nun im Krankenhaus.

Meine Besuche bei Tatjana waren keine normalen Krankenbesuche, sondern irgendetwas »Höheres«. Für uns beide von Gott höchstpersönlich arrangiert. Ohne dass uns eine lange Freundschaft verband, fühlte ich mich regelrecht zu ihr hingezogen. Manchmal saß ich nur eine Dreiviertelstunde an ihrem Bett, wir lachten, erzählten und beteten. Meine Krankenbesuche machten etwas mit mir und etwas mit ihr.

Ich stellte mir vor, wie es mir gehen würde, wenn ich an ihrer Stelle läge. Über was würde ich mich freuen? Es müssten gar nicht die stundenlangen Besuche sein, gar nicht die riesigen Blumensträuße. Sondern einfach ein Zeichen, dass man an mich denkt. Und einfach ein bisschen Zeit miteinander verbringen.

Wenn ich mir zu Hause überlegte, wie ich Tatjana eine Freude machen könnte, machte mich schon das Planen der Überraschung froh. Zeit und Kreativität für andere einzusetzen, gibt mir schwuppdiwupp eine Ladung Energie zurück.

Einmal, inzwischen auf der Palliativstation, spielte sie mir auf dem Klavier so wundervoll vor, dass die Station zusammenlief. Musik berührt die Seele und ist eine Art kostenlose Medizin. Gemeinsam eingenommen wirkt sie doppelt.

Ganz oft erzählte Tatjana mir von Maik: »Er ist ein Engel und heißt Maik. Und er hat so blaue Augen.« Naja, himmelblau, wahrscheinlich. Er kam immer genau dann, wenn sie einen Engel brauchte. Im Nachhinein denke ich, er war das, was in manchen Kliniken als »lila Dame« bezeichnet wird. Menschen, die ehrenamtlich Kurzbesuche bei Schwerkranken machen.

Maik konnte sogar ein paar Worte Russisch, was meine Freundin besonders freute. Er war immer nur kurz da. Manchmal brachte er ihr etwas mit. Wenn Tatjana von Maik sprach, lächelte sie.

Ich besuchte meine Freundin so gerne! Saß einfach ein bisschen bei ihr, betete mit ihr, wir erzählten uns was und wenn ich wieder aufbrach, waren wir beide glücklicher.

»Danke«, sagte sie immer, und manchmal auch: »Ich liebe Dich.« ... Dann musste ich mindestens so lächeln, wie sie, wenn sie von Maik sprach. Ab und zu haben Engel nur zwei Beine und gar keine Flügel! Und wer weiß, ob sie Maik vielleicht erzählte, dass manchmal für eine halbe Stunde ein anderer Engel vorbeikommt. Ich habe schließlich auch blaue Augen!

Tatjana wurde mein Mensch des Jahres 2014. Ein paar Monate durfte ich für sie eine Art Engel sein. Von Oktober bis Januar dauerte unsere ganz besondere Freundschaft, dann ist sie umgezogen. Dorthin, wo schon eine wunderschöne Wohnung für sie vorbereitet war. Sterben werden wir alle. Der eine früher, der andere später. Im Himmel werde ich Tatjana wiedersehen. Ich war nicht traurig. Bestürzt, überrascht, aber nicht traurig. Weil ich weiß, dass es ihr gut geht. Dankbar, weil diese Freundschaft ein kostbarer Schatz ist, mit Zeit und Geld nicht aufzuwiegen.

Vielleicht wirst du auch für einen Menschen ein »Engel auf Zeit«. Gott hat Begegnungen mit Menschen vorbereitet, die dein Leben prägen und deren Leben du prägen darfst. Sei offen, von Gott gebraucht zu werden. Sag auch nicht zu schnell: »Dafür habe ich keine Zeit.« Gott setzt extra Zeit für dich frei, wenn du dich um seine Anliegen kümmerst. Und du wirst nicht müde, sondern quicklebendig.

Beate

Beten

Um den Draht zu Gott zu pflegen und seinen Willen zu erkennen, ermutigen wir dich zu beten. Nimm dir jeden Tag ein bisschen Zeit, um Gott nahe zu sein. Schließ die Augen und rede mit ihm. Das kannst du laut machen, aber auch in Gedanken. Laut ausgesprochen bleibst du erfahrungsgemäß besser bei der Sache, also im Gebet, als wenn du dein Gebet einfach nur denkst.

In deiner Zeit mit Gott darfst du erwarten, dass er in dein Innerstes spricht. Sei offen für sein Reden. Manchmal redet Gott auch durch andere Menschen zu dir. Immer wieder hat in unserer Gemeinde jemand einen prophetischen

Impuls, den er weitergibt, und dieser trifft manchmal ganz genau in die Situation eines andern.

> Verachtet das prophetische Reden nicht, sondern prüft alles, was gesagt wird, und behaltet das Gute.
> *1. Thessalonicher 5,20f*

Du darfst offen sein für das, was Gott dir zu sagen hat. Wenn du vor Entscheidungen in deinem Leben stehst, besprich sie mit Gott und bitte ihn, dir die Sicherheit zu geben, das Richtige zu tun. Gibt es in deiner Gemeinde eine regelmäßige Gebetsveranstaltung? In unserer Gemeinde ist jeden Freitag »Gemeindegebet«. Und ich bin immer dabei. Zumindest, wenn ich nicht unterwegs bin. Diese zwei Stunden gehören Gott. Zusammen mit anderen aus der Gemeinde beten wir für kleine Anliegen, aber auch für die Weltpolitik! Wir sollen »im stillen Kämmerlein« beten, wie es im Matthäusevangelium steht. Wir sollen aber auch im Gebet mit anderen zusammenstehen.

Außerdem habe ich eine Gebetsfreundin, mit der ich mich an meinem freien Vormittag treffe. Diese beiden festen Gebetstermine und mein »Hauskreis« am Dienstagabend sind mir kostbar. Sie stehlen mir keine Zeit, sondern stellen meinen »Fokus« scharf. Wie hat Martin Luther gesagt: »Ich habe heute viel zu tun, darum muss ich heute viel beten.«

Beate

Auf den Heiligen Geist hören

Oft ist ein »Geistesblitz« das Reden des Heiligen Geistes. Es lohnt sich, auf die leise Stimme ganz tief drinnen zu hören. Auch dazu ermutigt uns die Bibel und ich erlebe auf diese Weise immer wieder die Führung Gottes in meinem Alltag.

Ich hatte am Vormittag irgendwo in Deutschland auf einem Frauenfrühstück gesprochen. Als ich die Heimfahrt antreten wollte, zuckte ein Gedanke durch meinen Kopf. Ob ich einfach mal spontan zu meinen alten Eltern fahren sollte? Normalerweise fahre ich einmal im Monat zu ihnen; es war vom Rhythmus her grade gar nicht vorgesehen, aber vielleicht sollte ich es einfach tun?

Wie weit wohl meine Eltern von meinem momentanen Standort entfernt waren? Ich prüfte die Strecke mit meinem Navi. Es war die gleiche Entfernung wie zu mir nach Würzburg, 200 km. Spontan entschloss ich mich zu einer Stippvisite bei Mama und Papa.

Die Tür war offen und ich schlich mich zu Papa, der gerade seinen Nachtisch aß und einen Kaffee trank, und blieb mucksmäuschenstill sitzen, bis meine Mutter auf der Bildfläche erschien und vor Freude schrie! Wie froh bin ich, dass ich dieser »Eingebung« gefolgt bin. Zwölf Tage später ging mein Vater im Alter von 94 Jahren in die Ewigkeit.

Ich stelle mich morgens bewusst auf Empfang ein. Wenn Gott einen Auftrag für mich hat, der von meiner geplanten Route abweicht, will ich ihn hören und tun, was er sagt.

Beate

Wie Gott reden kann

Wir haben Gottes Reden in unserem Leben immer wieder erlebt. Das kann auf ganz unterschiedliche Art und Weise sein. Überraschend, wenn wir gar nicht damit rechnen oder wenn wir vor einer Entscheidung stehen, die wir treffen müssen. Dann gehen wir ins Gebet und bestürmen Gott, damit er uns den richtigen Weg zeigt.

Im Kapitel Body hast du schon gelesen, wie Beate und ich uns kennenlernten. Damals beschlossen wir, zusammen ein Buch zu schreiben. Aber kennst du eigentlich die Entstehung von *Lebe leichter*? Und weißt du, was Gott damit zu tun hat?

Beate und ich hatten 2006 unser erstes Buch »Lebe leichter – Umsteigen aufs Wohlfühlprogramm« herausgebracht. Im Oktober 2006 saßen wir zusammen mit dem Verlagsleiter und dem Vertriebsleiter auf der Frankfurter Buchmesse beim Abendessen und träumten davon, ein eigenes Konzept zum Abnehmen auf den Markt zu bringen. Beate und ich waren beide Partner der Firma Weight Watchers und hatten dort unser gutes Einkommen. Zum Selbstständigmachen fehlte uns der Mut und auch die finanziellen Möglichkeiten. Dennoch blieb dieser Wunsch in uns lebendig. Wir sprachen immer mal wieder davon, wie schön es wäre, wenn wir das tatsächlich umsetzen könnten. Beate hatte ja bereits einen Testlauf mit einem eigenen Programm in ihrer Gemeinde gemacht. Das Grundgerüst stand. Aber wir trugen beide maßgeblich zum Familieneinkommen bei und hatten ein wenig Angst vor den existenziellen Veränderungen.

2010 beschlossen wir dann dennoch, an unserem Konzept zu arbeiten und unser eigenes Programm auf den Markt zu bringen. Das war keine leichte Entscheidung. Wir hatten eine Vision, der Verlag war auf unserer Seite, aber wir brauchten den Mut, das auch durchzuziehen.

Ich kann mich noch gut daran erinnern, wie mich die Frage quälte, ob ich tatsächlich bei der Firma Weight Watchers, für die ich über zwölf Jahre sehr erfolgreich gearbeitet hatte, kündigen sollte. Und dann sprach Gott in einer völlig unerwarteten Situation zu meinem Herzen.

Ich war mit meiner achtjährigen Tochter und zwei ihrer Klassenkameraden, Lara und Levi, im Europapark. Meine Tochter wollte unbedingt in die »Euromir«, die anderen beiden kannten diese Achterbahn nicht, stimmten aber zu. Nun weiß ich nicht, ob du die Bahn kennst, aber sie ist schon ziemlich schnell und mit acht Jahren darfst du gerade so mitfahren. Wir stellten uns also an, umgeben von lauter Erwachsenen. Laute Musik dröhnte aus den Lautsprechern und die Wagen kamen angeschossen, um die nächsten Passagiere mitzunehmen. Kurz bevor wir an der Reihe waren, schaute mich Lara an und sagte: »Ich will nicht.« Ich vereinbarte mit ihr, dass ich mit Joana und Levi fahren würde und dass sie bitte am Ausgang warten sollte. Sie war einverstanden. Dann sah ich in das ängstliche Gesicht von Levi: »Und du, möchtest du mitfahren?« – »Ja, eigentlich schon, aber ich habe auch Angst«, gab er leise zu. Ich erklärte ihm, dass das auch richtig sei, dass ein bisschen Angst auch dazugehört, wenn man das erste Mal mit so einer großen Achterbahn fährt. Aber ich versicherte ihm, dass ihm auf keinen Fall irgendetwas passieren würde und dass er viel Spaß hätte. »Okay, ich fahre mit, aber kannst du mich bitte in den Arm nehmen?«

Mein Herz schmolz, und so fuhren wir. Meine Tochter auf einem Einzelsitz, ich neben Levi, meinen Arm um ihn gelegt. Es hat ihm viel Spaß gemacht, er wäre am liebsten gleich noch mal gefahren.

Da sprach Gott zu meinem Herzen: »Es ist normal, Angst zu haben. Die gehört bei Herausforderungen und Entscheidungen dazu. Aber du bist sicher in meinem Arm, dir wird nichts passieren.«

Mut ist Angst, die gebetet hat. – Corrie ten Boom

Ich schickte meine Kündigung weg und war mir sicher, dass Gottes Herz schmolz und er an meiner Seite war.

Heike

Wenn Gott redet

Immer wieder spricht Gott ziemlich konkret und deutlich. Wir hören keine Stimme vom Himmel, wobei es das auch geben kann, sondern können ihn in unserem Herzen hören. Er spricht durch Bilder, Bibelverse und er freut sich, wenn wir diese Stimme in unserem Herzen ernst nehmen. Durch den Geist ist es uns möglich, diese Stimme wahrzunehmen.

Mein Mann ist Pastor in unserer Gemeinde. Diese finanziert sich durch Spenden, sodass es nicht immer selbstverständlich ist, dass der Pastor ein volles Gehalt bekommt. Über Jahre hinweg war mein Mann nur als geringfügig Beschäftigter angestellt und musste nebenbei noch einen anderen Job ausüben. Genau wie ich. Jetzt weißt du, warum der Schritt in die Selbstständigkeit damals für mich so eine riesige Bedeutung hatte.

Nachdem mein Mann eine Weile in einer Firma eine Festanstellung hatte, kündigte er vor zwei Jahren seinen Job, um mehr Zeit für die Familie und die Gemeinde zu haben. Damit er wenigstens hin und wieder etwas Geld verdient, hatte er sich mit einem Kollegen als Monteur selbstständig gemacht. Beim letzten Auftrag erhielt der Kollege das Geld vom Auftraggeber und sollte meinem Mann die Hälfte auszahlen. Es ging um ungefähr 1 000 Euro. Wir warteten vergeblich. Ich hatte schon so eine Vorahnung, und diese hat sich leider auch bewahrheitet.

Nach einiger Zeit kam eine Nachricht von diesem Kollegen. Es würde ihm leidtun, aber er brauche das Geld und könne meinem Mann seinen Anteil nicht auszahlen. Mein Mann und ich waren ziemlich ärgerlich, nicht nur, weil wir auf das Geld angewiesen waren. Mein Mann wollte ihm aber noch eine Chance geben. Er setzte sich noch mal mit diesem Kollegen zusammen, sie planten einen weiteren Auftrag, bei dem dann mein Mann das Geld behalten sollte. Ich hatte ein ungutes Gefühl. Der Auftrag kam nicht zustande. Ich merkte, wie sehr das meinen Mann beschäftigte.

In den letzten Monaten war unsere Gemeinde gewachsen und mein großer Wunsch war es, dass es nicht mehr nötig sein würde, dass mein Mann nebenbei arbeiten musste. Er sollte sich voll und ganz auf seine Arbeit als Pastor konzentrieren können. Geplant war, dass er zukünftig zumindest halbtags eingestellt wird. Dafür beteten wir.

Ich habe den festen Glauben, dass Gott uns immer versorgt. Das haben wir in der Vergangenheit schon so oft erlebt. Auf der anderen Seite ist da dieser völlig normale, menschliche Wunsch nach Sicherheit.

Ich betete weiter. Und dann kamen mir während des Betens plötzlich diese beiden Bibelstellen in den Kopf:

»Wer dich bittet, dem gib, was du hast; und wenn dir etwas weggenommen wird, versuche nicht, es wiederzubekommen.« (Lukas 6,30) und »Liebt eure Feinde! Erweist ihnen Gutes! Leiht ihnen Geld! Und macht euch keine Sorgen, weil sie es euch vielleicht nicht wiedergeben werden. Dann wird euer Lohn im Himmel groß sein und ihr handelt wirklich wie Kinder des Allerhöchsten, denn er erweist auch den Undankbaren und den Bösen Gutes.« (Lukas 6,35)

Ich setzte mich mit meinem Mann zusammen und riet ihm, seinem Kollegen das Geld zu schenken. Allerdings mit der Auflage, dass er nicht mehr mit ihm zusammenarbeiten solle. Ich hatte den Eindruck, dass Gott uns trotzdem versorgen würde. Mein Mann hatte schon vorher genau den gleichen Gedanken gehabt, war sich aber nicht sicher, wie ich darauf reagieren würde. Nun war er sehr bewegt, dass Gott auch zu meinem Herzen gesprochen hatte. Wir beide hatten diese tiefe, innere Sicherheit, die richtige Entscheidung getroffen zu haben.

Eine Stunde später hatte mein Mann einen Gesprächstermin mit einer jungen Frau aus unserer Gemeinde. Wir hatten sie längere Zeit nicht gesehen, da sie mit ihrer Bibelschule auf einigen Veranstaltungen in Deutschland unterwegs war. Nach der Begrüßung freute sie sich, uns ein Geschenk mitbringen zu können. Sie überreichte meinem Mann einen Briefumschlag, auf dem stand: »Für Hannas Pastor«. In dem Umschlag waren 1 000 Euro.

Wir waren etwas irritiert und Hanna erklärte uns, dass sie den Umschlag von einem Missionar bekommen hatte. Dieser hatte von Gott ganz klar den Eindruck, er soll ihr für uns dieses Geld geben.

Mir liefen die Tränen übers Gesicht. Nicht wegen der 1 000 Euro, sondern wegen der Präsenz Gottes. Sie war in diesem Moment so greifbar. Gott hatte gesprochen, wir waren gehorsam, und er schenkte uns nicht nur dieses Geld, sondern die Sicherheit, dass er unser Versorger ist. Zwei Wochen später wurde mein Mann halbtags in der Gemeinde angestellt.

Heike

In diesen beiden Beispielen war ich mir sicher, das Richtige getan zu haben. Dennoch spielen uns unsere Gefühle oft einen Streich und wir kommen ins Zweifeln. Welche Auswirkungen das hat und wie du Ruhe für deine Seele bekommst, erfährst du im nächsten Kapitel. Aber eins darfst du mit Sicherheit wissen: Wenn Gott dir seine Identität gibt, dann darfst du wissen, dass das, was er in dein Herz spricht, der richtige Weg ist. So eine Sicherheit bekommst du nur bei deinem Schöpfer. Dein Geist ist quasi die Kontaktstelle zu Gott.

Hab acht

Aber es gibt auch jemanden, dem es nicht gefällt, wenn dein Geist erneuert wird. Es tobt ein Kampf um deine Seele und auch um deinen Geist. Der Teufel will alles, was von Gott kommt, zerstören. Er mag es nicht, wenn du in dieser Liebesbeziehung zu Gott stehst.

> Seid besonnen und wachsam und jederzeit auf einen Angriff durch den Teufel, euren Feind, gefasst! Wie ein brüllender Löwe streift er umher und sucht nach einem Opfer, das er verschlingen kann.
> *1. Petrus 5,8*

Pass gut auf dich auf, hab acht und sei auf der Hut. Der Feind schläft nicht, und er ist ziemlich sauer, wenn ein Mensch sich Gott zuwendet.

Das ist seine größte Angst. Dass du lebendig wirst und dein Leben nach den Maßstäben Gottes und in einer Beziehung mit ihm lebst. Er möchte nicht, dass du heil wirst. Er hat eine Ahnung davon, was passiert, wenn du in deine Bestimmung kommst. Der Feind bekommt Kopfschmerzen, wenn du morgens aufwachst mit der Gewissheit, von Gott geliebt zu sein.

Er wird immer wieder versuchen, dich von der Wahrheit abzulenken.

»Hat Gott das wirklich gesagt?«, fragte er Eva. Das fragt er dich und will dich damit verunsichern. Er wird deinen Glauben auf die Probe stellen. Er wird versuchen, dich wieder von Gott wegzuziehen. Das macht er nicht offensichtlich. Das würdest du merken, dagegen könntest du beten. Er macht es auf ganz subtile Art und Weise, indem er dein Herz angreift. Er weiß, dass deine Seele dein Schwachpunkt ist, und darauf hat er es abgesehen. So nehmen wir dich mit in das nächste Kapitel, um dein Herz zu bewahren.

Body
Spirit
Soul

VOR ALLEM BEHÜTE DEIN HERZ

Herausforderung der Seele

Das bedeutet aber, wer mit Christus lebt, wird ein neuer Mensch.
Er ist nicht mehr derselbe, denn sein altes Leben ist vorbei.
Ein neues Leben hat begonnen!
2. Korinther 5,17

Sag mal ehrlich, was geht dir durch den Kopf, wenn du diese Bibelstelle liest? Im ersten Moment könnte man doch meinen, dass wir tatsächlich unser altes Leben völlig hinter uns lassen können und ein supergeniales Leben, voller Freude, Liebe, Harmonie in Sorglosigkeit und ohne Sünde vor uns liegt.

Nicht?

Ich weiß, du schüttelst den Kopf und grinst ein bisschen vor dich hin. Du weißt es schon. Denn die Realität sieht doch leider anders aus. Und wir hatten es dir ja auch schon angedeutet. Um dein Herz tobt ein Kampf. Du hast gerade etwas von einem wiedergeborenen Geist gelesen. Du hast vielleicht dieses Gebet gesprochen und dein Leben mit Gott erneuert oder zum ersten Mal ein Leben mit Gott angefangen. Aber

Dein Geist ist erneuert, du bist lebendig geworden, du spürst diese innere Zufriedenheit, aber deine Seele spielt da trotzdem oft nicht mit.

leider ist das keine Garantie dafür, dass dein Leben plötzlich ohne irgendwelche Herausforderungen verläuft. Es steht auch nirgendwo in der Bibel, dass es nur einfach wird.

Dein Geist ist erneuert, du bist lebendig geworden, du spürst diese innere Zufriedenheit, aber deine Seele spielt da trotzdem oft nicht mit. Die plagt sich immer noch mit den unterschiedlichsten Gefühlen. Du erlebst weiterhin Sorgen, Ängste, Neid, Eifersucht, Minderwertigkeit und hundert andere Emotionen, die dir das Leben schwermachen.

Und auch die Umstände in deinem Leben haben sich ja nicht plötzlich verändert. Dein neues Leben mit Ewigkeitsperspektive hat durch die Erneuerung deines Geistes begonnen, das ist sicher. Die Suche hat ein Ende.

Aber auf deine Seele musst du achtgeben und die richtigen Entscheidungen im Herzen treffen.

Vor allem aber behüte dein Herz, denn dein Herz
beeinflusst dein ganzes Leben.
Sprüche 4,23

Diese Bibelstelle macht deutlich, dass es an den Entscheidungen unseres Herzens liegt, welche Richtung wir unserem Leben geben. Gott fordert dich auf, mehr als alles andere dein Herz zu bewahren.

Was lässt du in dein Herz?

Achte gut darauf, was du in dein Herz lässt. Du bist nicht der Abfalleimer für andere. Stell dir vor, es klingelt nachmittags an deiner Tür. Du öffnest und dein Nachbar steht vor dir, in der Hand eine große Mülltüte. Du wunderst dich ein bisschen, bittest ihn aber herein und bietest ihm eine Tasse Kaffee an. Er setzt sich mit dir ins Wohnzimmer und ihr fangt an, euch zu unterhalten. Die ganze Zeit hat er diese

Tüte in der Hand, und plötzlich nimmt er sie und kippt den Inhalt in dein Wohnzimmer. Was würdest du tun? Wie würdest du reagieren?

Niemals würdest du das zulassen, und du würdest deinem Nachbarn wohl ein paar Takte erzählen. Auf jeden Fall würdest du ihn nicht mehr so schnell auf eine Tasse Kaffee einladen.

Wir achten oft mehr auf die Ordnung in unserem Haus als auf die Ordnung und Sauberkeit in unserem Herzen. Wir lassen zu, dass andere, oder auch wir selbst, Müll in unserem Herzen abladen. Das, was in deinem Herzen stattfindet, beeinflusst dein Leben. Es ist dein Herz, auf das du aufpassen musst, dein Leben lang. Müll ärgert dich, macht dich traurig, lähmt dich, verunsichert dich, lenkt dich ab und unterdrückt dich. Müll in deinem Herzen hindert dich daran, sauber zu sein. Müll macht dein Herz schmutzig und schwer.

Denk einen Moment daran, wie du dich fühlst, wenn dich jemand verletzt. Was passiert, wenn du ständig die bösen Geschichten über deine Nachbarin erfährst? Mit welchen Gedanken beschäftigst du dich, wenn der Film, den du letzte Woche geschaut hast, ziemlich sexistisch war? Wie fühlt sich Neid in deinem Herz an? Oder Selbstmitleid? Merkst du, wie dich solcher Müll runterzieht?

Dafür wurdest du nicht geboren. Du bist dafür geschaffen, um Freude zu verbreiten und Leichtigkeit auszustrahlen. Du bist die Krone der Schöpfung, nichts soll dich beschweren. Aus deinem Herzen soll die Liebe fließen. In deiner Gegenwart sollen Menschen sich wohlfühlen, inspiriert werden und von deiner Leidenschaft angesteckt werden.

Aufgabe dieses Kapitels: Achte auf dein Herz.

Verletzungen

»Wenn das doch immer so einfach wäre«, denkst du jetzt vielleicht. »Manchmal kann man sich gar nicht vor Verletzungen schützen, die kommen einfach.«

Wissen wir. Da kennen wir uns aus. Das haben wir auch erlebt. Es ist unmöglich, ein Leben ohne Verletzungen zu führen. Aber wir wissen auch, wie es leichter wird. Deshalb dieses Buch, um dich zu ermutigen, um dich zu unterstützen, damit du es auch leichter hast.

Sicherlich besitzt du in deinem Haushalt eine Küchenreibe. Also, ich habe schon mindestens zehn verschiedene im Laufe meines Hausfrauendaseins ausprobiert, bis ich endlich die richtige auf einer Messe gefunden habe. Ich staune immer wieder, mit welcher Leichtigkeit und Schnelligkeit die Schausteller das Gemüse über den Hobel ziehen, und dabei noch Verkaufsgespräche führen. Mir gelingt das nie so schnell.

Am schwierigsten sind die Endstücke. Jeder Schausteller schnappt sich dann einen Reibeschutz, um das letzte Stück noch zu verbrauchen.

Und was mache ich zu Hause? Ich denke, das bekomme ich auch so hin. Extra den Reibeschutz auszukramen, ist mir zu umständlich. Ich versuche also ganz vorsichtig, das letzte Stück Möhre oder Kohlrabi mit den Fingerspitzen über die Reibe gleiten zu lassen.

Kennst du das? Du denkst, das geht auch so, ohne Schutz. Ja ich weiß, da zieht sich dir gleich beim Lesen alles zusammen.

Wir wundern uns, dass ein so winziger Schnitt so wehtun kann. Und wehe, das Pflaster fällt ab und du kommst an die Wunde. Dann reißt sie wieder auf und schmerzt erneut.

So ist es oft im Leben. Wenn wir nicht aufpassen, dann verletzten wir uns oder werden verletzt. Manchmal sind es nur Kleinigkeiten, aber oft auch große Verletzungen. Und sobald du oder jemand anders an der Wunde kratzt, bricht sie erneut auf und blutet.

Manche Wunden sind so groß, dass Narben entstehen. Eine Narbe ist totes Gewebe und lässt keinen Schmerz mehr zu. Keinen Schmerz, aber auch kein Gefühl. Narben machen dich gefühlskalt.

Das kennen wir auch. »Schaff ich schon!«, behauptest du, beißt die Zähne zusammen, schluckst die Tränen runter. Du holst tief Luft, lässt dir nichts anmerken und unterdrückst den Schmerz. Manche von uns sind Weltmeister darin, Gefühle zu unterdrücken.

Sich vor Verletzungen zu schützen, wäre die beste Lösung, aber wie machst du das ganz praktisch?

Es hat ganz viel mit deiner Sichtweise und dem zu tun, was du an dein Herz lässt. Siehst du die Dinge eher positiv oder negativ? Lässt du zu, dass giftige Pfeile dich treffen, dass sich miese Gedanken bei dir einnisten?

Deine Herzenshaltung

Siehst du das Glas eher halb voll oder halb leer? Fühlst du dich eher als Verlierer oder Gewinner? Rechnest du immer mit dem Schlimmsten oder blickst du zuversichtlich in deine Zukunft? Eine negative oder positive Grundeinstellung wirkt sich maßgeblich auf dein Leben und dein Verhalten aus.

Ende 2013 lernte ich in einem dreitägigen Kurs Skifahren. Und das mit 47 Jahren. Voller Stolz kam ich am Silvesterabend nach dem Kurs nach Hause, um meiner Familie zu erzählen, dass ich mittlerweile schon ganz gut den Berg runterkomme. Nach einer eher ruhigen

Silvesternacht kam ich am ersten Tag des Jahres auf die Idee, mit meinem Mann nochmals Ski zu fahren, um ihm zu zeigen, was ich gelernt hatte.

Also fuhren wir am 1. Januar 2014 mittags die knapp zwei Stunden ins Skigebiet. Ich fuhr dreimal die Piste hinunter und schon waren wir wieder auf dem Rückweg.

Noch während ich am Überlegen war, ob sich der Aufwand gelohnt hat, stockte der Motor unseres Autos und wir konnten nicht mehr richtig beschleunigen.

Was wäre dein erster Gedanke gewesen?

»Na super, das Jahr fängt ja gut an! Wenn das so weitergeht.« Das waren zumindest die Worte, die mir spontan aus dem Herzen und über die Lippen kamen.

Mein Mann grinste vor sich hin und meinte dann nur ziemlich entspannt: »Stimmt, das Jahr fängt echt gut an. Es ist Zeit für etwas Neues. Wollen wir hoffen, dass es so weitergeht.«

Gleicher Umstand, unterschiedliche Sichtweise.

Viel besser ist es, nach vorne zu blicken und die Möglichkeiten zu sehen.

Das Auto ließ sich nicht mehr reparieren und wir bekamen tatsächlich ein Neues. Klar hat das Geld gekostet, klar wäre das nicht nötig gewesen. Aber weshalb sich mit den Negativgedanken herumplagen, wenn es nicht zu ändern ist? Es macht die Situation nicht besser. Viel besser ist es, nach vorne zu blicken und die Möglichkeiten zu sehen.

Dem Riesen ins Gesicht schauen

Wir geben oft unseren Umständen die Schuld für den Zustand unserer Seele. Hast du aber mal daran gedacht, dass du nicht das Opfer deiner Umstände bist, sondern der Gestalter deines Lebens? Indem du die richtigen Entscheidungen triffst, kannst du auch den Zustand deiner Seele beeinflussen.

Ein gutes Beispiel dafür ist David. Du hast die Geschichte schon im Kapitel »Body« gelesen. Ich erzähle sie an dieser Stelle noch einmal kurz nach, weil ich den Schwerpunkt auf einen anderen Aspekt legen möchte: Wir lesen in 1. Samuel 17 von dem Heer der Israeliten, das gegen das Heer der Philister kämpfen sollte. Mit großem Kriegsgeschrei trafen sie aufeinander, als plötzlich einer der Philister aus den Reihen trat und vorschlug, dass nicht ein ganzes Heer geopfert werden sollte, sondern nur ein Mann. Dieser Philister, Goliat, war ein Riese: drei Meter groß und ein Krieger von Jugend an. Er verhöhnte das Volk der Israeliten und forderte einen Mann zum Kampf heraus. Alle Israeliten, sogar der König, hatten Angst. Niemand traute sich dem Riesen entgegenzutreten. Vierzig Tage lang forderte Goliat täglich die Israeliten heraus.

Dann erschien plötzlich David auf die Bildfläche. Er war ein einfacher Hirtenjunge, der sich sein Leben lang nur um seine Schafe gekümmert hatte. Er war vom Vater geschickt worden, um seinen Brüdern etwas zu essen zu bringen und um ein Lebenszeichen von ihnen zu erhalten.

David traf auf die verschüchterten Israeliten, sah den Riesen und wunderte sich, warum sich ihm niemand entgegenstellte. Er ging zum König und bot ihm an, gegen diesen Philister zu kämpfen. Ich glaube nicht, dass Saul sich irgendwelche Hoffnung gemacht hatte, aber was hatte er schon zu verlieren?

Nicht einmal eine Rüstung wollte David anziehen. Die Geschichte hatte ein Happy End. David stand mit seiner Steinschleuder und fünf Kieselsteinen vor dem Riesen und forderte ihn heraus:

David rief zurück: »Du trittst mir mit Schwert, Speer und Wurfspieß entgegen, ich aber komme im Namen des Herrn, des Allmächtigen – des Gottes des israelitischen Heeres, das du verhöhnt hast.«
1. Samuel 17,45

David traf Goliat mit einem Kieselstein mitten auf die Stirn, sodass der Riese tot zusammenbrach. Der Kampf war gewonnen.

Bekommst du auch Gänsehaut bei dieser Geschichte? Ich bin jedes Mal überwältigt von dem Mut, den David damals hatte. Ist dir etwas aufgefallen?

Gleicher Umstand, aber anderer Blickwinkel.

An der Situation hat sich überhaupt gar nichts geändert. Goliat bekam nicht plötzlich 40,5 Grad Fieber und war geschwächt. Er lag auch nicht mit Mittelohrentzündung oder einem Magen-Darm-Infekt in seinem Zelt. Er stand wie die letzten vierzig Tage mit all seinen Waffen in der Hand und war eine Bedrohung für das ganze Volk. Aber David ließ sich nicht davon einschüchtern. Er veränderte seinen Blickwinkel. Er sah nicht den gefährlichen Riesen vor sich, sondern er sah die vielen Situationen in seinem Leben, in denen er seine Schafe vor wilden Tieren beschützt hatte. Und er hatte die hundertprozentige Sicherheit, dass Gott bei ihm war. Was für ein Vertrauen, was für ein Mut.

> Egal, wie die Umstände in deinem Leben sind, egal, welchem Riesen du gegenüberstehst, dein Blickwinkel und die Entscheidung, wie du diesem Riesen begegnest, wird maßgeblich darüber entscheiden, wie dein Leben verlaufen wird.

Deine Umstände sind oft nicht so leicht. Du hast vielleicht einige Riesen vor dir stehen. Ist es deine Angst vor Ablehnung, eine Krankheit, Schwierigkeiten in deiner Beziehung, finanzielle Probleme, eine Sucht, die du nicht in den Griff bekommst, deine Vergangenheit, die du nicht aufarbeiten konntest, Zukunftsangst oder einfach nur selbst gemachte Schwarzmalerei? Egal, wie die Umstände in deinem Leben sind, egal, welchem Riesen du gegenüberstehst, dein Blickwinkel und die Entscheidung, wie du diesem Riesen begegnest, wird maßgeblich darüber entscheiden, wie dein Leben verlaufen wird.

Probleme als Chance

Der Blickwinkel auf Dinge kann Situationen verändern und manches, was auf den ersten Blick nach einer Katastrophe aussieht, kann einem im Rückblick das Leben vereinfachen. Ich entscheide, wie ich das Problem sehe. Nur als Problem, oder kann ich ihm auch noch etwas Positives abgewinnen?

Wie oft habe ich schon gedacht: Nur noch diese eine Sache erledigen, danach wird mein Leben entspannter. Dann werde ich mehr Zeit haben, dann werde ich mein Leben mehr genießen können, dann wird alles leichter. Im Sommer 2015 hatte ich wieder mal jede Menge zu tun, bevor ich mir Zeit zum Erholen und um das Leben zu genießen nehmen wollte. Eigentlich hatte ich Urlaub, aber ich wollte trotzdem unbedingt noch einiges von meiner To-do-Liste abarbeiten. So saß ich zwei Urlaubstage am Computer, um Dinge zu tun, die eigentlich hätten warten können.

Aber irgendwann war ich doch zufrieden und wollte gerade alles für den verdienten Urlaub wegräumen, da passierte der Super-GAU. Der Laptop, natürlich ohne Sicherungskopien, fiel mir beim Zusammenräumen auf den Boden und nicht nur die Arbeiten der letzten Tage waren weg, sondern alles, was je auf diesem Laptop geschrieben worden war. Die schriftlichen Arbeiten meiner letzten Jahre also. Alle E-Mail-Adressen weg, alle Vorträge weg! Alle Ausarbeitungen für meine Kurse, alle Texte für meine Online-Arbeit. Ich hatte dieselbe Situation ein paar Jahre vorher schon einmal erlebt, aber aus der damaligen Lektion nicht gelernt, regelmäßig Sicherungskopien zu machen.

Scheinbar hat Gott mich mit Stehaufmännchenqualitäten gesegnet. Die Welt ist nicht untergegangen, nur, weil die gesammelten Werke meiner letzten Jahre zerbröselt am Boden lagen. Natürlich habe ich erst mal ganz schön geschluckt. Dann habe ich mir einen neuen Rechner gekauft und die Chance genutzt, für mich ein ganz neues System aufzubauen.

Einige Vorträge hatte ich noch ausgedruckt und habe sie abgetippt. Manche Texte konnten mir Kolleginnen und Teilnehmer wiederbeschaffen. In meinem neuen System ist alles besser geordnet, leichter auffindbar und ich kann besser und effektiver arbeiten.

Aber das Wichtigste, was ich draus gelernt habe:

Jedes Problem, das ich überwunden habe und von dem ich mich nicht unterkriegen lasse, gibt mir auch für andere Problemfälle des Lebens mehr Kompetenz.

Sachen sind immer ersetzbar, Menschen nie.

> Die beste Zeit zu leben ist jetzt. Denn Morgen kommt die
> nächste Herausforderung.
> Und: Mach regelmäßig Sicherheitskopien.
> *Beate*

Entrümpeln

Ich bekam ein bisschen Mitleid mit Beate, als sie mir verriet, dass sie noch vor dem Abgabetermin für dieses Buch umziehen wird. »Wir verkleinern uns, ziehen vom Haus in eine Wohnung, und ich muss so viel aussortieren.«

Erst vor einer Weile hatte mir eine Bekannte, die sich auch verkleinerte und am Entrümpeln war, geschrieben: »Was behalte ich, was nehme ich mit?« Meine erste Reaktion: Was für eine Chance. Ein Umzug ist immer eine so wundervolle Möglichkeit, sich von Ballast zu trennen. Was sammeln wir im Laufe unseres Lebens alles an. Unsere Häuser sind überladen mit Möbeln und Dingen, die wir im Grunde gar nicht brauchen. War halt mal teuer, haben wir geschenkt bekommen, könnte man noch mal gebrauchen.

Mein Mann half neulich bei einer Wohnungsauflösung. Noch bevor er fragen konnte, war meine ganz klare Ansage: »Wir brauchen NICHTS!«

Es tut so gut, sich von Dingen zu trennen, die wir gar nicht benötigen. Ich mache regelmäßige Inventur in meinem Kleiderschrank. Sortiere aus, was ich ein Jahr nicht getragen habe, und verschenke es.

Kennst du dieses gute Gefühl, Dinge wegzugeben und wieder Platz zu haben?

Eine Fahrt auf die Mülldeponie ist für mich ein Highlight. Es macht nicht nur die Wohnung, sondern auch meinen Kopf frei.

Wie viel mehr verschafft eine aufgeräumte Seele uns Freiheit? Wie wäre es, wenn du da mal entrümpelst, aufräumst, mit dem Besen durchs Herz fegst und alles richtig durchputzt?

Die Seele entrümpeln ist mit Arbeit verbunden. Du wirst etwas Zeit brauchen, es kostet dich hin und wieder ein paar Tränen. Vielleicht wirst du das ein oder andere Gespräch führen müssen und sicherlich öfter beten. Da wird es um deine Beziehungen gehen, um die zu anderen und die zu dir selbst. Aber ich verspreche dir, der Großputz lohnt sich. Und dann, wenn du fertig bist, dann passt du auf, ob du wirklich noch mal Müll in dein Herz lässt. Dann bist du gewappnet und weißt: Türe abschließen und ein Schild raushängen mit der Aufschrift »Betreten verboten«.

Aber jetzt räumen wir erst einmal auf.

> Die Seele entrümpeln ist mit Arbeit verbunden. Du wirst etwas Zeit brauchen, es kostet dich hin und wieder ein paar Tränen.

BEHÜTE DEIN HERZ IN BEZIEHUNG ZU DEINEN MITMENSCHEN

Deine Kindheit

Als meine Kinder noch klein waren, kam ich als Mutter oft an meine Grenzen und war ein paar Monate ziemlich Burn-out-gefährdet. Körperlich wirkte sich diese Erschöpfung durch eine beginnende Schuppenflechte aus. Mit drei kleinen Kindern bekam ich damals eine Mutter-Kind-Kur bewilligt, bei der ich mich erholen und behandeln lassen sollte. Unter anderem traf ich mich zweimal wöchentlich zum Austausch mit einer Psychologin. Ich sollte damals mein Leben in Drei-Jahres-Abschnitten aufmalen. Das fiel mir anfangs ziemlich schwer, aber mit der Zeit konnte ich einen roten Faden durch meine Kindheit erkennen.

Nach meiner Geburt musste mich meine Mutter sofort in einem Kinderheim lassen, da sie nicht verheiratet war und mich nicht alleine erziehen durfte. Meine Oma war damals dagegen. In den 60er-Jahren war es eine Schande, ein uneheliches Kind auf die Welt zu bringen. Was sollten denn die Nachbarn denken? Später kam ich in eine Pflegefamilie. Als ich ein Jahr alt war, haben meine Eltern dann doch geheiratet und ich konnte bei ihnen leben. Durch dieses Jahr Trennung von meiner Mutter war ich nie in der Lage, Urvertrauen aufbauen. Die Frage, ob ich wirklich geliebt bin, begleitete mich meine ganze Kindheit. Als ich drei Jahre alt war, kam mein Bruder mit einer schweren Krankheit zur Welt. Alles drehte sich damals um ihn. Ich fühlte mich zurückgesetzt. Mit knapp sechs Jahren bekam ich dann meine erste Harnwegsinfektion, wegen der ich zwei Wochen im Krankenhaus lag.

Ich gehörte zu den Mädchen, die früher in der Schule eher die Außenseiter waren. Heute nennt man das Mobbing, früher standst du einfach in den Pausen alleine auf dem Schulhof. Das Bedürfnis nach Liebe und Anerkennung fand ich auch nicht bei Freunden.

Meine Eltern haben es sicherlich so gut gemacht, wie sie konnten. Aber als Tochter eines narzisstischen Vaters und einer Mutter, die selber in ihrer Kindheit wenig Liebe erfahren hatte, kann ich kaum mit meiner Kindheit prahlen. Meine Eltern trennten sich auf eine böse Art und Weise, kurz bevor ich in die Pubertät kam. Umständehalber blieb ich mit meinem Bruder bei meinem Vater. Mit mir selbst und der Veränderung in meinem Leben beschäftigt und überfordert, hatte ich nur den einen Wunsch: Ich wollte geliebt und anerkannt werden. Um das zu erreichen, habe ich ziemlich viel Blödsinn angestellt, und die Quittung meistens umgehend erhalten. Ich war nicht immer nur die Gute. Erfahrungen, die ich in meinem Herzen abgespeichert habe. Die Liebe und Anerkennung meines Vaters bekam ich, wenn ich gute Noten nach Hause brachte und das Haus aufgeräumt hatte. In beidem war ich schlecht. Die Folgen dessen habe ich deutlich zu spüren bekommen. Bring Leistung, dann wirst du geliebt. Diese Erkenntnis hat sich in meinem Herzen eingenistet.

Ich hatte zwar keine guten Erinnerungen an meine Kindheit, war aber ein Meister im Verdrängen. Durch die Aufgabe der Psychologin fing ich an, in meiner Vergangenheit zu wühlen. Die Tränen kamen direkt aus meinem Herzen.

Das Bankkonto

Die Psychologin erklärte mir, dass jeder von uns eine Art emotionales Bankkonto besitzt. In unserer Kindheit sind alle guten Worte, jede Liebesbezeugung, alles, was wir an Trost, Lob, Ermutigung und positiven Erfahrungen machen und bekommen, Einzahlungen auf dieses Konto. Als Erwachsene müssen wir von den Zinsen leben.

Meine Psychologin schüttelte damals den Kopf und erklärte mir, dass ich mit einem riesigen Schuldenberg in mein Erwachsenenleben gestartet bin.

> In unserer Kindheit sind alle guten Worte, jede Liebesbezeugung, alles, was wir an Trost, Lob, Ermutigung und positiven Erfahrungen machen und bekommen, Einzahlungen auf dieses Konto.

Deine Einzahlungen

Wie viele Einzahlungen hast du als Kind auf dein Konto bekommen? Wie reich bist du in dein Erwachsenenleben entlassen worden?

Das Herz eines Kindes kann so schnell gebrochen werden. Kinder glauben in ihrer Naivität das, was andere über sie sagen. Sie wissen nicht, dass Erwachsene oder auch Gleichaltrige nicht immer recht haben. Sie glauben so lange, bis sie enttäuscht werden. Einmal, zweimal und immer wieder. Dann halten sie inne und beginnen einen Schutzmechanismus aufzubauen. Jede negative Erfahrung, die ein Kind macht, hat eine Folge für sein Leben. Die Erfahrung wird abgespeichert und bei nächster Gelegenheit wieder hervorgeholt. So entsteht Misstrauen, Wut, Minderwertigkeit und Leistungsdruck.

Kinder entwickeln sich oft mit viel Ablehnung und haben kein Selbstvertrauen in sich und ihre Fähigkeiten. Wie sieht dein Kontostand aus? Bist du im Plus oder ist dein Konto restlos überzogen? Was hat sich in deinem Herzen gemütlich gemacht? Wie bist du groß geworden? Gab es nur Liebe, Anerkennung und Zuneigung? Vielleicht stecken da noch Verletzungen in dir, obwohl du selber schon Mutter oder Vater bist.

Vom Minus ins Plus

Die Psychologin beendete ihre Therapiestunde nicht einfach mit der erschütternden Erkenntnis, dass ich eine miserable Kindheit hatte. Zwar erzählte sie mir die Geschichte mit dem überzogenen Bankkonto, aber sie fing an, über mein Leben als erwachsene Frau zu sprechen. Sie führte mir vor Augen, dass ich mit 18 Jahren meine Entscheidung für Jesus getroffen hatte, auf den ich seitdem mein Urvertrauen setzte. Mit 16 Jahren hatte ich den Entschluss gefasst, von Köln nach Bremen zu meiner Mutter zu ziehen und dort ein neues Leben zu beginnen. Meine schulischen Leistungen hatten sich sehr verbessert und auch meine Ausbildung hatte ich gut abgeschlossen. Ich hatte Freundschaften entwickelt, meinen Mann kennengelernt, wir hatten geheiratet und damals unsere ersten drei Kinder gekriegt. »All diese Dinge gleichen Ihr Konto wieder aus und führen dazu, dass Sie Ihr Leben doch im Plus leben!«, waren die letzten Worte der Psychologin an mich. Dann schickte sie mich nach Hause.

Wir können nicht nur die Umstände oder unsere Vergangenheit für unser heutiges Verhalten verantwortlich machen.

An ihre Worte erinnere ich mich immer wieder. Wir können nicht nur die Umstände oder unsere Vergangenheit für unser heutiges Verhalten verantwortlich machen. Wir sind erwachsene Menschen, die ihr Leben selbst in die Hand nehmen sollten, ohne ständig zu jammern, wie schlecht es um uns herum aussieht. Meine eigene Geschichte ist das größte Wunder, das ich in meinem Leben erlebt habe. Und ich habe schon viele erlebt. Mittlerweile bin ich fast 30 Jahre glücklich verheiratet, habe vier wundervolle Kinder, mit denen ich eine sehr herzliche Beziehung habe. Wir leben ein intaktes Familienleben, obwohl meine Vergangenheit keine gute Voraussetzung dafür war.

Wenn du denkst, auf der Schattenseite des Lebens zu stehen, ermutige ich dich, Jesus in deinem Leben wirken zu lassen. Er verwandelt dein Minus ins Plus. Wenn du ihm vertraust, wird er dir helfen, deine Vergangenheit hinter dir zu lassen.

Körperlicher Missbrauch

Über manche Verletzungen hast du vielleicht noch nie mit irgendjemandem geredet. Weil es so peinlich war. Körperlicher Missbrauch ist so ein Tabuthema, über das man nicht redet. Und wenn es passiert ist, dann schweigt man lieber, weil man sonst wieder daran erinnert wird. Und wer weiß, vielleicht glaubt dir auch niemand. Dabei geht es gar nicht unbedingt nur um die schlimmste Form von körperlichem Missbrauch, eine Vergewaltigung. Selbst sexuelle Handlungen, die an dir oder in deiner Gegenwart vollzogen worden sind, sexuelle Aktivitäten, bei denen du nur anwesend warst, zuschauen musstest oder einfach ein komisches Gefühl hattest, prägen dein Unterbewusstsein und nisten sich in deine Seele ein. Brigitte erzählte mir, dass sie es immer komisch gefunden hatte, wenn sie bei ihrem Onkel auf dem Schoß saß. »Das hat sich irgendwie nicht richtig angefühlt«, beschreibt sie, was sie nicht wirklich erklären kann. Kinder sind oft sensibel, wenn es um Dinge geht, die nicht in Ordnung sind. Sie können es in dem

Moment vielleicht nicht richtig deuten, oder sie trauen sich nicht, etwas zu sagen, aber es hinterlässt bleibende Schäden.

Wenn du in deiner Kindheit Missbrauch erlebt hast und das niemals aufgearbeitet wurde, dann trägst du diese Verletzung heute noch in deinem Herzen, weil sie nicht geheilt wurde. Dann wunderst du dich vielleicht, warum die intime Beziehung zu deinem Partner nicht richtig funktioniert oder warum du abnormale sexuelle Neigungen hast. Irgendwo haben unsere Sehnsüchte und unsere Verhaltensweisen ihren Ursprung.

Die Dunkelziffer von sexuellen Übergriffen oder Nötigung ist wohl viel höher, als wir uns das vorstellen können. Die wenigsten reden darüber. Warum? Weil es peinlich ist, darüber zu sprechen. Weil sie sich schämen. Weil sie Angst vor den Konsequenzen haben. Sie tragen dieses Geheimnis mit sich herum und trauen sich nicht, es irgendjemanden anzuvertrauen.

Meistens verdrängen wir so etwas im Alltag, aber immer wieder holen uns solche Vergangenheitsgeschehnisse ein.

Das Wort Gottes sagt, dass Gott unsere gebrochenen Herzen heilen will. Auch deins.

Er heilt gebrochene Herzen und verbindet Wunden.
Psalm 147,3

Praktisch umgesetzt

Vielleicht sind dir beim Lesen der letzten Zeilen schon Dinge aus deiner Kindheit eingefallen, durch die dein Herz verletzt wurde. Vielleicht hast du aber auch vieles aus deiner Vergangenheit verdrängt. Bitte Gott dir zu zeigen, was in deinem Herzen noch nicht geheilt ist.

Was hat das mit dir gemacht?

Wie hat es dein Leben geprägt?

Welche Folgen trägst du heute noch davon?

Wenn es dir hilft, dann such dir jemanden, dem du dich anvertrauen kannst, mit dem du gemeinsam für Heilung beten kannst. Manchmal ist es gut, auch professionelle Hilfe durch einen Psychologen oder Gesprächstherapeuten in Anspruch zu nehmen.

Wenn deine Scham zu groß ist, nimm dir etwas zu Schreiben. Du hast das Recht, wütend zu sein und anzuklagen. Schreib dir deinen Schmerz von der Seele. Und dann bring es zu Gott. Er will deinen Schmerz heilen. Auch wenn es dir nicht leichtfällt, Vergebung hilft dir, dein Herz zu heilen. Du wirst vielleicht nicht alles vergessen, aber zumindest kannst du die Entscheidung treffen, in deinem Herzen zu vergeben. Nicht zu vergeben ist, als würde man selbst Gift schlucken und gleichzeitig hoffen, dass der andere stirbt.

Glaubenssätze

Bei unseren Lebe-leichter-Abschlüssen lassen wir die Teilnehmer der Reihe nach erzählen, was sie mit *Lebe leichter* erreicht haben. Das kann die Abnahme sein, aber auch eine anderweitige Lebensveränderung. *Lebe leichter* ist ja ein ganzheitliches Programm, bei dem es nicht nur um die äußerlichen Pfunde geht, sondern auch um eine innere Veränderung.

Die Geschichte von Miriam hat mich sehr bewegt. Sie wurde von ihrer Mutter bei mir im Kurs angemeldet. Es ist immer eine schwierige Situation, wenn die Mütter für ihre Töchter entscheiden. Aber in diesem Fall hat auch Miriam sich in ihrer Haut nicht mehr wohlgefühlt und wollte ein paar Pfunde verlieren. Sonst sehr schüchtern und eher zurückhaltend, erzählte Miriam beim Lebe-leichter-Abschluss, sie habe acht Kilo im Kurs verloren. Ihre Mama sei auch ganz glücklich und das erste Mal in ihrem Leben stolz auf sie. Dann brach ihr die Stimme und sie fing an zu weinen.

Unter Tränen erzählte sie der Gruppe, dass sie nicht verstehe, warum ihre Mutter immer nur auf ihre Schwester stolz wäre, die superdünn sei. An ihr selber wurde nur herumkritisiert. »Sie sagt mir ständig, ich sei so dick und soll aufhören Schokolade zu essen und Chips. Und wenn ich so weitermache, dann würde ich irgendwann total fett werden. Warum sagt sie so etwas? Warum kann sie mich nicht einfach so annehmen und lieben, wie ich bin? Warum gibt sie meiner Schwester den Vorzug? Nur weil die dünn ist?«

Von ihrer Offenheit und dem emotionalen Ausbruch überwältigt, saßen wir alle fassungslos da: Miriam hatte auch mit acht Kilo mehr kein wirkliches Übergewicht gehabt. Sie war höchstens etwas fülliger als ihre Klassenkameradinnen. Aber sie wurde dem Anspruch ihrer Mutter nicht gerecht. Schon als Kind hatte ihre Mutter sie mit der Schwester verglichen und ihr Verhalten hatte fatale Auswirkungen auf die Gefühle ihrer Tochter.

Nun kenne ich auch die Mutter. Sie hat in einem meiner Kurse schon Jahre zuvor gut abgenommen und hält seitdem ihr Gewicht. Ich kann mich erinnern, dass ihr das nicht immer leichtfiel, und sie sehr viel Disziplin aufbringen musste, um zu ihrem Wunschgewicht zu gelangen.

Gerade deshalb hatte ich ein paar tröstende Worte für Miriam, die ihrem Herzen guttaten: »Weißt du, ich kenne deine Mama, und ich weiß, dass sie schon ihr Leben lang mit ihrem Gewicht kämpft, früher um abzunehmen und heute um das Gewicht zu halten. Sie war nicht immer so schlank, und es hat sie in ihrem Leben vielleicht viel Mühe gekostet, das in den Griff zu bekommen. Sie weiß, wie schrecklich sie sich gefühlt hat, als sie noch mehr gewogen hat. Und vielleicht will sie dir einfach dieses Gefühl ersparen. Oder sie will dich vor dem Leidensweg der Diäten bewahren. Sie will dir sicherlich nichts Böses, sie möchte nur, dass es dir gut geht und du dich in deiner Haut wohlfühlst.«

Wenn es auch nicht das Grundproblem der Beziehungssituation von Miriam und ihrer Mutter gelöst hat, zumindest war sie mit diesen Gedanken etwas versöhnt.

Sie meinen es nicht immer böse

Nicht alles Negative, das wir von unseren Eltern hören, ist schlecht gemeint. Eltern können ihre Kinder unbeabsichtigt verletzen, obwohl sie eigentlich etwas Gutes im Sinn haben. In der Geschichte von Miriam wird das deutlich. Aber dennoch prägen solche Aussagen unser Leben, wir glauben es irgendwann selbst und geben das an die nächste Generation weiter.

Was hat sich in deinem Herzen eingenistet? Was wurde über dich ausgesprochen?

»Du bist zu nichts zu gebrauchen.«
»Dein Bruder kann das viel besser als du.«
»Du hast die breiten Hüften deiner Mutter.«
»Du wirst nie ein ordentlicher Mensch.«
»Kannst du nicht einmal eine gute Note mit nach Hause bringen?«
»Musst du immer widersprechen?«

»Nimm dir mal ein Beispiel an deiner Schwester.«

»Warum muss ich dir immer alles zweimal sagen?«

»Du kannst einfach nicht rechnen.«

»Lass mal, du kannst das nicht, ich mach das lieber selber.«

Fallen dir ähnliche Sätze ein, die dich geprägt haben? Was hat dir den Mut genommen? Was hat dir die Leidenschaft geraubt?

Was sagt Gott über dich? Was meinst du: Ist er auch der Meinung, du seist zu nichts zu gebrauchen? Schüttelst du den Kopf? Gut so, das solltest du nämlich, und ein bisschen lächeln.

Nimm dir deine Bibel und fang an nach Bibelstellen zu suchen, in denen Gott DICH meint. Vergleiche die Botschaften, die du als Kind gehört hast, mit der Botschaft, die Gott uns Menschen gegeben hat. Na, merkst du etwas?

Und jetzt entscheide: Glaubst du das, was deine Eltern über dich gesagt haben, oder glaubst du dem Wort Gottes? Die Bibel ist voll mit Ermutigungen und Wertschätzung. Die Entscheidung, das zu glauben, triffst du mit deinem Herzen. Deine Seele müht sich vielleicht noch mit den alten Verletzungen ab, aber mit deinem Herzen entscheidest du, der Wahrheit zu glauben.

Auch wenn deine Seele es noch nicht begreifen kann, lass dein Herz entscheiden.

Du glaubst an einen Vater, der dich unendlich liebt, der dir niemals irgendetwas zuleide tun würde, der es nur gut mit dir meint und dessen Liebe bedingungslos in dein Herz fließt.

Der Vater

Auf der Hillsong Frauenkonferenz in London hörten wir mit bewegtem Herzen einige Episoden aus dem Leben der Referentin Dawncherie Wilkerson. »Heute bin ich eine gute Autofahrerin«, erzählte sie lachend. »Aber das ist nicht immer so gewesen.«

Mit sechs Jahren hatte ihr Vater ihr das Fahrradfahren beigebracht. Er hatte ihr erklärt, wie sie den Lenker halten musste und sich mit den Pedalen vorwärtsbewegen konnte. »Schau immer geradeaus und tritt in die Pedale. Dir wird nichts passieren.«

Voller Eifer fuhr sie los. Der Vater lief noch eine Weile neben ihr her und hielt sie fest, und schließlich ließ er sie los. Dawncherie merkte, dass sie fahren konnte. Dummerweise hatte sie aber noch nicht gelernt, wie man bremst. Und so fuhr sie direkt in einen Graben, überschlug sich und verletzte sich am Knie. Ihr Vater eilte zu ihr, nahm sie in den Arm, tröstete sie und versprach, dass ihr das nie wieder passieren würde. Und er übte weiter mit ihr, bis sie das Fahrradfahren beherrschte.

Zehn Jahre später lernte sie ein vierrädriges Geländemobil, ein Quad, zu fahren und lud ihre Freundinnen zu einer Geländetour ein. Im Fernsehen hatte sie gesehen, wie viel Spaß es macht, mit einem Quad im freien Gelände in Gruben rein- und wieder rauszufahren. Aber was auf dem Bildschirm so leicht aussah, stellte sich in der Praxis als schwieriger heraus. Obwohl sie mit hoher Geschwindigkcit in die Grube gefahren war, hatte ihr Quad nicht genügend Tempo, um es wieder herauszuschaffen. Mitten auf dem Berg überschlug sich das Fahrzeug und begrub die Mädchen unter sich.

Dawncheries Vater hatte den Knall gehört und war herbeigeeilt. Er zog die Mädchen unter dem Quad hervor, nahm sie in die Arme, tröstete sie und war nur glücklich, dass ihnen nichts Schlimmes passiert war. »Baby, wir fangen noch mal mit dem Fahrrad an«, sagte er zu Dawncherie.

Zehn Jahre später, Dawncherie konnte längst Auto fahren, war sie auf dem Highway unterwegs. Sie telefonierte gerade mit einem Mitarbeiter ihres Vaters und wunderte sich, dass keine anderen Fahrzeuge auf dem Highway zu sehen waren. Aufgrund der leeren Straßen fuhr sie ziemlich schnell. Was sie nicht wusste: Direkt vor ihr fegte ein Hurrikan über das Land – und sie fuhr mitten hinein. Ihr Auto wurde mehrfach um die eigene Achse gedreht und Dawncherie hatte keine Hoffnung, lebend aus dem Auto herauszukommen.

Das Telefon fiel ihr aus der Hand und sie versuchte krampfhaft, sich am Lenkrad festzuhalten. Nach mehrmaligen Überschlägen landete ihr Auto kopfüber auf dem Boden. Mit letzter Kraft suchte Dawncherie ihr Handy und hörte ihren Vater sagen: »Baby, beweg dich nicht, ich rufe sofort den Rettungswagen an und dann setze ich mich in mein Auto und komme zu dir.«

Einige Zeit später traf ihr Vater bei ihr ein. Die Rettungssanitäter hatten Dawncherie aus dem Auto geholfen. Das Auto war Schrott, aber außer ein paar Prellungen hatte sie keinen Schaden davongetragen. Voller Dankbarkeit nahm ihr Vater sie in den Arm, legte sie behutsam auf den Rücksitz seines Wagens und fuhr mit ihr nach Hause.

Nachdem Dawncherie ihre Geschichte beendet hatte, herrschte Schweigen in der Wembley Arena. 10 000 Frauen schluckten. Manchen liefen Tränen über das Gesicht. Die meisten von uns haben einen solchen Vater nie gehabt. Nie hatten sie diese bedingungslose Liebe erfahren, diese Fürsorge, die sie als Kinder so bitter nötig gehabt hätten. Ja, hin und wieder erleben wir so etwas, aber meistens gab es Fürsorge und Liebe nur dann, wenn die Leistung stimmte.

Weil viele von uns ein so verqueres Vaterbild haben, fällt es uns so schwer, uns Gott als Vater vorzustellen. Die Bibel ist voller Liebesbezeugungen Gottes zu uns Menschen und wie er uns als Vater sieht. Denk nur an die Geschichte vom verlorenen Sohn aus Lukas 15.

Wie oft ist darüber schon gepredigt worden. Aber haben wir wirklich die Kernaussage verstanden? Der Vater liebt uns, aus einem einzigen Grund: Weil wir seine Kinder sind. Weil du sein Kind bist. Weil er dich geschaffen hat, weil er wollte, dass du in dieser Welt einen Platz hast. Mit deiner ganz persönlichen DNA, mit deinem Charakter und deinem Temperament. Und du kannst nichts, aber auch gar nichts tun, um diese Liebe zu verstärken oder zu verringern. Es ist die gleiche Liebe, egal was du tust. Du kannst dich von Gott abwenden und in deiner eigenen Welt leben. Der Vater wird immer auf dich warten. Und egal, in welchen Schlamassel du hineingeraten bist, er erwartet dich mit offenen Armen.

»Was hat mein Vater wohl nach dem Unfall die lange Fahrt über gemacht, während ich auf dem Rücksitz lag?«, fragte Dawncherie in die Menge. »Er hat nicht ein einziges Mal gefragt, wie es dazu kam, nicht bei dem Unfall mit dem Quad, und auch nicht dieses Mal. Es gab keine Vorwürfe. Er hat sich nicht über das kaputte Auto aufgeregt, er hat mich nicht angeklagt. Er hat geweint, die ganze Zeit – und hat Gott gedankt, dass ich noch am Leben war.«

Das Gleiche gilt für uns, es gilt für dich. Egal in welche Grube du gefahren bist, in welchen Sturm du geraten bist, was du auch getan hast. Es ist nicht wichtig. Gott der Vater wartet immer mit offenen Armen auf dich, und er will nichts anderes, als dich lieben. Das, wonach wir uns so sehr sehnen. Das, was wir als Kinder vielleicht schmerzlich vermisst haben: Gott will diese Lücke in deiner Seele füllen, will dich da lieben, wo keine Liebe gewesen ist.

> Gott der Vater wartet immer mit offenen Armen auf dich, und er will nichts anderes, als dich lieben.

Natürlich ist es nicht so, dass wir alle grundsätzlich von unseren Vätern nicht geliebt worden sind. Aber viele von uns, und vielleicht gehörst du auch dazu, haben diese Liebe nicht so zu spüren bekommen, haben keine Ahnung davon, wie sich das anfühlt. Öffne dein Herz für diese Liebe, die dir der Vater umsonst gibt.

Und wenn du der Vater bist? Oder die Mutter?

Illusionen in der Kindererziehung

Schon vor meinem ersten positiven Schwangerschaftstest wusste ich genau, wie ich meine Kinder erziehen werde. Was hatte ich alles für Vorstellungen, Wünsche und Träume. Ich war mir sicher, all meine Zeit und Energie in diese kleinen Wesen zu investieren und sie liebevoll zu erziehen. Ich wollte es besser machen als meine Eltern. Niemals wollte ich meine Kinder anschreien, geschweige denn die Hand gegen sie erheben. Niemals wollte ich ungeduldig oder ungerecht sein. Sie sollten sich nicht über Leistung definieren müssen und immer das Gefühl haben, bedingungslos geliebt zu sein.

Du ahnst schon, dass es anders kam als geplant.

Kinder können einen durch ihr Verhalten an den Rand des Gefühlswahnsinns treiben. Angefangen von nächtlichen Schreikrämpfen, über Phasen der Bockigkeit bei Kleinkindern, hin zu pubertierenden Teenagern mit eigenem Charakter und Temperament, sind Eltern tagtäglich den verbalen und nonverbalen Angriffen ihrer Kinder ausgeliefert. Das hört sich krass an, aber genau so ist es gemeint. Wenn du Kinder hast, dann weißt du, was ich meine. Wie oft warst du enttäuscht, weil dich dein Kind angelogen hat? Wie sehr hast du dich über ein unaufgeräumtes Kinderzimmer, nicht gemachte Hausaufgaben, fehlende Mithilfe im Haushalt, zu laute Musik, zu freche Antworten, Sturheit, Lieblosigkeit, Egoismus und Ignoranz geärgert?

Mutter- und Vatersein ist wundervoll, aber nicht nur eitel Sonnenschein. Eltern zu sein bedeutet auch, mit den Herausforderungen, die eine Eltern-Kind-Beziehung mit sich bringt, zurechtzukommen. Und das ist nicht immer nur einfach.

Mit vier kleinen Jungs, dem Haushalt, der Berufstätigkeit und den Aufgaben als Pastorenfrau war ich als junge Mutter völlig überfordert. Ständig war ich mit meinen Kräften am Limit und in Gefahr, das an den Kindern auszulassen. Wie gerne hätte ich einiges anders gemacht.

Ein tragisches Lebensereignis hat mir das sehr deutlich gemacht.

Erinnerung an den 10. 05. 2000
Julian wird 7. Er freut sich über seine Geschenke. Er bekommt eine Wasserbahn, Kleinigkeiten und eine heiß begehrte Spielzeugpistole. Er muss zur Schule, geht in die 1. Klasse. Nachmittags haben wir beide Klavierunterricht. Vlado ist auf Pastorenkonferenz, die Kindergeburtstagsfeier wird am Samstag nachgeholt. Wir werden ins Schwimmbad gehen.

Damit der Tag besonders schön für ihn wird, lasse ich Manuel, Jonathan und Steven sich mit ihren Freunden verabreden. Ich fahre mit Julian in die Stadt, das Wetter ist schön, die Sonne strahlt. Ich überrasche ihn mit einem Eisdielenbesuch. Er freut sich riesig, bestellt einen großen Erdbeerbecher, den er kaum aufgegessen bekommt. Immer wieder schaut er mich an und lächelt. Ich stelle wieder einmal fest, dass ich zu wenig Zeit mit ihm verbringe, überhaupt mit den Kindern. Immer ist etwas zu tun, immer stehen scheinbar dringende Aufgaben an. Wann nehme ich mir so richtig Zeit, nur für die Kinder, mal mit einem alleine?

Wir genießen die Zeit zusammen, schlendern hinterher durch die Fußgängerpassage. Julian achtet darauf, dass er die ganze Zeit meine Hand hält. Dann haben wir zusammen Klavierunterricht, bei der gleichen Lehrerin. Julian hat mich an das Klavierspielen herangeführt. Dafür bin ich ihm so dankbar.

Abends, zu Hause, machen wir es uns noch alle gemütlich, dann gehen wir ins Bett. Eine Tradition bei uns: Das Geburtstagskind darf mit Mama ins Bett, Süßigkeiten werden genascht, und ich lese eine Geschichte aus einem neuen Buch vor. Später will ich das Licht ausmachen und frage meinen kleinen Schatz:

»Und Julian, über welches Geschenk hast du dich denn am meisten gefreut?«

»Rate mal«, grinst er mich an.

Ich zähle die Geschenke nacheinander auf, weiß natürlich, dass er sich besonders über die kleine schwarze Spielzeugpistole gefreut hat. Er schüttelt beim Aufzählen verneinend den Kopf. Zum Schluss sage ich triumphierend: »Über die Pistole.«

»Nein, Mama, über dich.«

Mit Tränen in meinen Augen schlafen wir ein.

Das war 3 Monate und 4 Tage vor seinem Tod. Was vor Jahren Freudentränen waren, sind jedes Jahr am 10. Mai Trauertränen, dann ist mir, als wäre es gestern erst passiert.[8]

Heike

Unser Sohn ist am 14. 08. 2000 im Alter von sieben Jahren bei einem Badeunfall auf Sardinien ums Leben gekommen.

Julian konnte schwimmen. Unser Blick war auf das Meer gerichtet, wir hatten die Kinder alle im Blick, nur wussten wir nicht, dass er ins Wasser gegangen war. Er hatte nicht Bescheid gesagt.

Das schlechte Elterngewissen

Nie haben wir uns die Schuld an seinem Tod gegeben. Aber eine andere Schuld trug ich seitdem in meinem Herz. Jedes böse Wort, jede Ungerechtigkeit, jede Minute, die ich nicht mit ihm verbracht hatte, wurden zu einer Anklage.

»Hätte ich mehr Zeit mit ihm verbracht. Wäre ich noch mehr auf seine Bedürfnisse eingegangen. Hätte ich in dieser Situation anders reagiert.« Solche Gedanken bestimmten seit seinem Unfall mein Denken. Neben der Trauer um den Verlust meines Kindes habe ich mich mit diesen Vorwürfen selbst verklagt. Ich hätte so gerne Abschied genommen, ihm nochmals gesagt, wie lieb ich ihn habe.

Nach ein paar Wochen vertraute ich mich einer Frau an, die den gleichen Verlust erlitten hatte. Ich öffnete mein Herz und beichtete ihr meine ganze Schuld. Sie schüttelte mit dem Kopf und erklärte mir, dass Gott wusste, dass ich die richtige Mutter für meinen Sohn war. Und dass er auch wusste, dass ich Fehler machen werde. Und dennoch hat er es zugelassen, dass ich dieses Kind bekomme. »Selbst wenn es Schuld war, gibt es auch dafür Vergebung«, tröstete sie mich damals.

Wir sind selber auch nur Menschen, versuchen unser Bestes zu geben, manchmal aber auch nicht. Manchmal ist unser eigenes Ich stärker, unsere eigenen Bedürfnisse wichtiger als die der anderen. Dann reagieren wir als Mütter und Väter nicht so, wie man es eigentlich von uns erwartet, sondern so, wie es unserem eigenen Ich entspricht. Das sind die Verletzungen, die wir unseren Kindern antun. Manchmal bewusst, manchmal unbewusst. Das ist kein Freibrief, ungerecht zu handeln, du verstehst das sicherlich richtig. Aber es ist eine Erklärung dafür, dass wir als Eltern nicht immer nur alles hundertprozentig richtig machen.

Ich habe manche Mütter kennengelernt, die völlig am Ende ihrer Kräfte waren, kurz vor einem Burn-out, die sich nur noch nach Ruhe gesehnt haben. Und die eine einzige Anklage in ihrem Herzen trugen: »Ich habe versagt.«

Dieses Gefühl macht sich in deinem Herzen so richtig gemütlich, dehnt sich aus und nimmt dir deinen Selbstwert. Weil du es scheinbar nicht so gut schaffst wie die anderen Mütter. Was aber bitte schön hast du mit den anderen Müttern zu tun? Die gehen dich gar nichts an.

Wie andere Mütter oder Väter ihre Kinder erziehen, ist völlig unwichtig. Konzentriere dich auf dich und auf deine Kinder.

> Jeder achte genau auf sein eigenes Leben und Handeln, ohne sich mit anderen zu vergleichen. Schließlich ist jeder für sein eigenes Verhalten verantwortlich.
> *Galater 6,4f*

Andere Eltern haben andere Kinder, du hast diese.

Mache dir bewusst, was in deiner Herzenskammer verborgen liegt, an Verletzungen und an Schuld. Und dann sprich mit deinen Kindern. Unabhängig davon, was in der Vergangenheit passiert ist, es gibt meistens die Möglichkeit, die Dinge wieder in Ordnung zu bringen.

Manchmal ist ein Gespräch nicht möglich. Dann darfst du all das, was dein Herz bewegt, deinem Gott sagen. Er versteht dich, er vergibt dir, und er heilt alle deine Verletzungen.

> Hieran erkennen wir, dass wir in der Wahrheit leben
> und Gott voller Zuversicht begegnen können, selbst wenn
> unser Herz uns verurteilt. Denn Gott ist größer als unser Herz
> und er weiß alles.
> *1. Johannes 3,19f*

»Mein Herz ist größer«, sagte er. »Ich weiß alles. Ich verurteile dich nicht. Auch wenn du nicht perfekt bist, du bist mein perfekter Plan für dieses Kind und für deine Familie. Ich liebe dich.«

Mit diesen Gedanken überraschte Gott Beate, als sie sich nach einem anstrengenden Tag abends voller Selbstverdammnis mit ihrer Bibel zurückzog. Sie war körperlich und seelisch an ihre Grenzen gekommen, hatte einige Fehler gemacht und fühlte sich jetzt schuldig.

Gott sagt dir: »Nicht schuldig.« Du darfst alle Selbstkritik ablegen. Er liebt dich so, wie du bist. Ich will dich ermutigen und dir das schlechte Gewissen nehmen. Wenn es eine Schuld gibt, weil wir nicht genug Zeit hatten oder weil wir uns ungerecht verhalten haben, dann ist die Vergebung da. Ja, auch dafür. Wenn wir Jesus offen und ehrlich unser Versagen, aber auch unsere Ängste bringen, dann vergibt er uns all das, was wir als Mütter und Väter versäumt haben. Dann tritt er für uns ein und heilt auch die Herzen unserer Kinder. Ich selber habe das erlebt. Beate hat das erlebt, und du wirst es auch erleben.

Gnadenamnesie

In einem Gespräch mit meinen beiden älteren Söhnen erzählten sie mir sehr ergreifend, wie dankbar sie für ihr Leben sind und dass sie gar nicht verstehen können, dass sie so gesegnet sind und dass sie eine so tolle Kindheit hatten.

Fragezeichen in meinen Augen. Völlig ungläubig starrte ich sie an und fragte: »Habt ihr denn alles vergessen?« Mir fiel jede kleine Ungerechtigkeit ein, jedes Anschreien, jeder misslungene Erziehungsversuch. Und meine Söhne sitzen da und prahlen mit ihrer tollen Kindheit. Gott schenkt Gnade, da wo wir uns selbst verdammen.

Hätte, wollte, könnte

Hast du deine Kinder mal gefragt? Was würden sie dir sagen? Oft ist es unser eigener Anspruch an eine perfekte Kindererziehung, der uns das schlechte Gewissen einredet. Weil wir es besser machen wollten als unsere Eltern. Und dann bleibt dir nur das Versagen in Erinnerung, nur die Dinge, die nicht gut gelaufen sind. Es ist ein menschliches Phänomen, dass wir stärker auf Negatives reagieren als auf Positives. Denke an die wundervollen Momente, die du mit deinen Kindern erlebt hast. An Spaziergänge, Bastelnachmittage, gemeinsame Ausflüge, abendliches Kuscheln, Vorlesestunden, Kinoabende, Kissenschlachten, gemeinsame Mahlzeiten, Urlaube. Denke an das Lachen im Haus und was dir sonst noch alles einfällt. Hänge nicht an deinem »Hätte ich doch früher alles anders gemacht.« Das sind Gedanken, die den

> Denke an die wundervollen Momente, die du mit deinen Kindern erlebt hast.

Blick in die Vergangenheit richten. Du kannst das Rad der Zeit nicht zurückdrehen. Mach das Beste aus dem Heute.

Bis dass der Tod uns scheidet

Das Gleiche gilt für deine Ehe. Falls du verheiratet bist. Erinnerst du dich noch daran, wie es gewesen ist?

Als du geheiratet hast, war die Dame deiner Wahl die Traumprinzessin, die du dir gewünscht hast. Der Partner, der dir sein Eheversprechen gab, war Prinz Charming, und du konntest dir niemand anderen vorstellen. Ihr wart verliebt und wolltet das bleiben, bis dass der Tod euch scheidet. Ich glaube kaum, dass irgendjemand von uns am Traualtar dachte: »Naja, was Besseres gab's halt nicht.«

Als mein Mann mich fragte, ob ich ihn heiraten wollte, sagte er: »Aber denke dran: Das ist eine Entscheidung, die du fürs Leben triffst, Gefühle werden sich verändern, die Entscheidung bleibt. Nach sechs Monaten wirst du feststellen, dass meine Socken stinken.« Ja, sie stinken, schon 29 Jahre lang. Aber weißt du was? Meine auch.

Wenn zwei Menschen sich das Jawort geben, dann haben sie eine gemeinsame Zukunft vor sich. Aber wie oft kommt es vor, dass sich Partner nicht gleich entwickeln, sondern in völlig verschiedene Richtungen? Mein Mann ist nicht mehr derjenige, der er vor 29 Jahren war, und ich bin das auch nicht mehr. Wir haben uns beide entwickelt.

Und bei dir, wie sieht es in deiner Ehe aus? Alles gut? Oder bist du auch an einem Punkt, an dem es schwierig ist und du nicht wirklich eine Lösung hast?

Unsere Ansprüche

Wir Frauen haben oft Ansprüche an unsere Männer, die diese gar nicht erfüllen können. Wie sollte dein Mister Perfekt aussehen? Attraktiv sollte er sein, groß und männlich. Romantisch müsste er sein, aber trotzdem kein Weichei. Er sollte genügend Geld verdienen, aber auch im Haushalt mithelfen. Er sollte auf deine Bedürfnisse eingehen und nicht ständig etwas an dir auszusetzen haben. So ähnlich, oder?

Mal drüber nachgedacht, dass dein Mann auch unzufrieden sein könnte? Er hatte sich die Ehe vielleicht auch anders vorgestellt, hatte andere Erwartungen. Vielleicht bist du nicht ordentlich genug. Oder zu ordentlich. Ist dir ein aufgeräumtes Haus wichtiger als die Zweisamkeit? Wie sieht es mit eurem Sexualleben aus? Alles so, wie du oder wie er sich das wünscht? Vielleicht hast du dich nach den Kindern etwas gehen lassen und achtest nicht mehr so auf dein Äußeres. Oder du bist ständig schlecht gelaunt und am Dauermeckern. Wir Frauen brauchen dafür nicht mal Worte. Muss alles nicht so sein, könnte aber. Und es tut manchmal gut, sich selber zu reflektieren, sich einen Spiegel vorzuhalten und das eigene Verhalten zu überprüfen.

Zweckgemeinschaft ist nicht Zweck der Gemeinschaft

Verletzungen innerhalb einer Partnerschaft tun ganz besonders weh. Weil wir uns gegenseitig so sehr öffnen und jeder die Schwachstelle des anderen kennt. Ein offenes Herz führt zwangsläufig natürlich in Krisenzeiten dazu, verletzt zu werden. In vielen Ehebeziehungen sitzen Verletzungen so fest und die Partner leben nur noch nebeneinanderher: eine reine Zweckgemeinschaft. Ist es das, was du dir für dein Leben vorgestellt hast? Ist die Zeitspanne deines Lebens nicht zu kostbar, um sie damit zu verbringen, nur neben deinem Partner her zu leben?

Eheprobleme lassen sich nicht aussitzen, es wird nicht besser, wenn du so tust, als sei alles normal. Deine Verletzungen werden nicht einfach so geheilt. Deine nicht, seine auch nicht.

Ich fange bei mir an

Henrike schrieb nach einer Lebe-leichter-Kursstunde, in der es auch um das Thema Ehebeziehung ging:

> Ich bete jeden Tag, dass Gott mich verändern möge, damit mein Mann und ich den Weg zu unserem Glück wiederfinden. Lange habe ich gedacht, es darf doch nicht sein, dass ich mich verändern muss, damit unsere Ehe wieder läuft. Nachdem du aber dieses Thema angeschnitten hast, war ich total getroffen und wusste, ich muss bei mir anfangen. Wir müssen uns beide verändern, damit wir wieder glücklich miteinander leben können.

Du wirst deinen Mann, deine Frau nicht verändern können. Aber du kannst Jesus bitten, deine Ehe zu verändern, dich zu verändern und deine Verletzungen zu heilen.

Sag Jesus deine Bedürfnisse, bitte ihn das auszufüllen, was dein Mann, deine Frau dir nicht geben kann.

Suche nach Gelegenheiten, mit deinem Partner ins Gespräch zu kommen. Versuche ein bisschen von deiner Not mitzuteilen. Dein

Partner wird dir vielleicht dankbar sein, wenn du den ersten Schritt gehst. Gib ihm die Möglichkeit, auch dir zu sagen, was er sich wünscht. Nur gemeinsam schafft ihr es, eure Beziehung in Liebe, Respekt und Wertschätzung zu leben.

Es hilft, hin und wieder den Ehe-Akku aufzuladen. Zum Beispiel mit einem gemeinsamen Wochenende ohne Kinder. Oder ihr besucht ein Eheseminar, das eure Ehe stärkt.

> Nur gemeinsam schafft ihr es, eure Beziehung in Liebe, Respekt und Wertschätzung zu leben.

Wenn alle Gespräche nicht helfen, dann ist eine Eheberatung vielleicht für euch die Lösung.

Anna erzählte beim letzten Hauskreis, dass sie jahrelang vergeblich versucht hatte mit ihrem Mann ins Gespräch zu kommen. Nach zehn Jahren Ehe stellte sie ihren Mann vor die Entscheidung: »Entweder wir besuchen zusammen ein Kommunikationsseminar, oder wir trennen uns. So will ich nicht weiterleben.« Ihr Mann entschied sich für das Seminar. »Das hat unsere Ehe gerettet. Seitdem wissen wir, wie wichtig die gemeinsamen Gespräche sind, und haben gelernt, aufeinander einzugehen.«

Übernatürliche Hilfe

Claudia erzählte auf dem Ladys Day 2016 in Appenweier, dass ihre Ehe nach fünf Jahren vor dem Aus stand. Sie hatte mit 19 Jahren geheiratet. Kurze Zeit später wurde ihre erste Tochter geboren. Ihr Mann Robert litt unter starken Depressionen, mit denen Claudia nicht zurechtkam. Sie selber ist ein positiver Mensch und konnte nicht begreifen, wie man so schwermütig sein kann. Daran ist sie fast verzweifelt und stellte sich mit 25 Jahren die Frage, was das für ein Leben sein soll. Die Beziehung war zerbrochen und sie selber hatte nur noch den Wunsch, ihr eigenes Leben zu leben. Sie trennte sich von ihrem Mann und zog mit der gemeinsamen Tochter wieder zu ihren Eltern. Dann fing sie an zu leben, holte alles nach, was sie ihrer Meinung nach in jungen Jahren versäumt hatte. Sie ging jedes Wochenende aus und holte sich Bestätigung von anderen Männern. Ihr Mann fiel immer mehr in die Depression. Das ging sogar bis hin zu dem Wunsch, nicht mehr leben zu wollen. Ein paar Monate später fand in seiner Stadt eine Zeltevangelisation statt. In den 80er-Jahren wurden solche Gottesdienste in großen Zelten durchgeführt, da die Gemeinderäume meistens zu klein waren. Claudias Mann dachte, dass er in einen Zirkus geht, und fand sich stattdessen in einem Gottesdienst wieder. Er wurde so von Gott berührt, dass er sein Leben Jesus gab. In dieser Nacht wurde er komplett von seinen Depressionen geheilt. Robert fing an, mit Claudia über Gott zu reden, und sie bemerkte die Veränderung an ihrem Mann. Anfangs sträubte sich Claudia dagegen, denn ein Leben mit Gott passte einfach nicht zu ihrem Lebensstil, und den wollte sie nicht aufgeben. Robert betete weiterhin für seine Frau. Mit der Zeit merkte Claudia, dass all das, was sie in der Welt suchte, nicht die Leere in ihr ausfüllte. Weder Männer noch ihre Freiheit oder irgendetwas anders. Nach einem Abend mit ihren Freundinnen, bei dem sie sich auf okkulte Praktiken eingelassen hatte, fing sie an zu zweifeln. Sie gab Gott den ganzen Mist aus ihrem Leben und Gott hat spontan ihr Leben verändert. Sie spürte sofort seine Liebe in ihrem Herzen. Sie ging zusammen mit ihrem Mann in eine Gemeinde und Gott hat ganz langsam ihr Herz verändert. Robert und Claudia haben ihre Liebe zueinander wiedergefunden. Heute sind die beiden über 40 Jahre verheiratet. »Wir haben auch heute noch Kämpfe miteinander, aber mit Gottes Hilfe können wir diese besiegen.«

Du darfst die Hoffnung haben, dass deine Ehebeziehung geheilt wird. Hoffnung bedeutet eine positiv berechtigte Zukunftserwartung.

In dem Film »War Room« geht es darum, dass eine junge Frau intensiv beginnt, für ihre Ehe zu beten. Nachdem sie alle Kleider aus ihrer Kleiderkammer geräumt hat, wird dieser Ort ihr Gebetsraum, oder auch »Kriegsraum« (War Room), denn sie führt einen regelrechten Kampf gegen den Feind, der ihre Ehe zerstören will.

> Du darfst die Hoffnung haben, dass deine Ehebeziehung geheilt wird.

Ein Dieb will rauben, morden und zerstören.
Ich aber bin gekommen, um ihnen das Leben
in ganzer Fülle zu schenken.
Johannes 10,10

Aber der Herr ist treu; er wird euch stärken
und euch vor dem Bösen bewahren.
2. Thessalonicher 3,3

Deshalb ordnet euren Willen Gott unter! Widersteht dem Teufel,
und er wird euch verlassen.
Jakobus 4,7

Sie geht durch ihr Haus und erklärt dem Teufel den Krieg und gebietet ihm, ihr Haus zu verlassen. Und sie stellt ihre Ehe unter den Schutz Gottes. Bist du bereit, für deine Ehe zu kämpfen? Lass alle anderen Waffen fallen und kämpfe mit Gebet.

Er und ich

Bei meinem Mann und mir lief auch nicht immer alles glatt in den letzten 29 Jahren. Oft war ich genervt, seltener er. Es gab Zeiten, in denen haben wir uns gestritten, und hin und wieder angeschwiegen. Die Erkenntnis, dass wir nicht so viele Gemeinsamkeiten hatten, musste ich erst verdauen. Das hat sich erst im Laufe unserer Ehe und auch in unserer Weiterentwicklung herauskristallisiert. Unsere gemeinsame Basis ist natürlich unser Glaube an Jesus, unsere Kinder und unser Umfeld, in dem wir leben. Aber ansonsten hat jeder von uns unterschiedliche Interessen. Während mein Mann lieber Fernsehen schaut, lese ich lieber. Ich gehe joggen oder ins Fitnessstudio, mein Mann zum Angeln. Ich fahre Fahrrad, mein Mann Motorrad. Ich gehe gerne früh zu Bett, mein Mann spät. Wir haben einen unterschiedlichen Musikgeschmack und auch nicht die gleichen Vorlieben bei der Filmauswahl. Mein Mann interessiert sich für Politik, Gesellschaft und Fußball, ich für Zeitmanagement, gesunde Ernährung und Brotrezepte. Ich kann gut mit Zahlen, mein Mann kann gut malen. Ich verwalte die Finanzen, er renoviert das Haus.

Merkst du etwas? Man könnte meinen, wir passen nicht zusammen. Und dennoch sind wir mit einigen Hochs und Tiefs so viele Jahre glücklich verheiratet. Was wir dafür tun?

Wir reden viel miteinander, interessieren uns füreinander und trinken gerne Kaffee.

»Wenn ich dir zuhöre, dann interessiert mich nicht immer das Thema, von dem du erzählst, aber du interessierst mich. Ich mag deine Art zu reden, wie du begeistern kannst, was dich beschäftigt. Mich interessiert deine Welt, weil ich dich mag.« Das war so ziemlich der O-Ton meines Mannes vor vielen Jahren. Das hält uns zusammen. Nicht immer die Themen des anderen, aber der andere. Das ist es, was wir schätzen und lieben. Und ganz nebenbei erweitern wir unseren Horizont, wenn er über Politik redet und ich ihm meine neusten Pläne zeige.

Ein tägliches Ritual ist das Kaffeetrinken nach dem Mittagessen. Wir zwei genießen die gemeinsame Pause vom Alltag und jeder lässt sich auf den anderen ein.

Um bewusst Zeit miteinander zu verbringen, haben wir uns vor ein paar Jahren entschieden, gemeinsam einen Tanzkurs zu besuchen. Jede Woche ist es eine neue Entscheidung. Oft haben wir keine Lust, manchmal würden wir lieber zu Hause auf dem Sofa bleiben. Aber wir raffen uns auf, fahren die 35 km zur Tanzschule und genießen das Date miteinander. Davon hast du ja schon auf Seite 50 gelesen.

Wir müssen reden

Nach so vielen Ehejahren bin ich nicht mehr bereit, einen Streit einfach so auszuschweigen. Durch die Erfahrungen, die wir in unserer Ehe gemacht haben, wissen wir, dass ein klärendes Gespräch und auch das gemeinsame Gebet viele Verletzungen sofort heilt und negative Gedanken abgewehrt werden können. Wenn es brenzlig wird, bete ich. Dann passe ich einen günstigen Moment ab, koche uns beiden einen Kaffee und sage: »Wir müssen reden.«

War 'ne gute Zeit

Bei einem Frauenwochenende lernte ich Anna kennen. Ihr Mann war vor Kurzem gestorben. 42 Jahre waren sie miteinander verheiratet.

Sie bat mich, für sie zu beten, weil der Schmerz so groß war. »Es war 'ne gute Zeit«, verriet sie mir unter Tränen. Das traf mich mitten ins Herz. Nach 42 Jahren sagen zu können: »Es war 'ne gute Zeit.« Was kannst du heute dafür tun, um das auch sagen zu können?

Allein daheim – als Single

Wir schreiben viel über das Thema »Kinder« und »Ehe«. Weil es so viele betrifft, weil das für Beate und mich wichtige Themen sind. Weil wir das ganz praktisch leben. Vielleicht hast du die entsprechenden Abschnitte übersprungen oder nur quergelesen, weil sie dich gar nicht betreffen. Möglicherweise ist es für dich auch ein eher schmerzhaftes Thema, weil du dir einen Partner oder Kinder wünschst, aber sich in diesem Bereich einfach nichts tut. Beate und ich haben sehr früh geheiratet und Kinder bekommen. Wir wissen nicht, wie sich Singlesein anfühlt, oder gescheiterte Ehe, Alleinsein oder Sehnsucht nach einem Partner. Dennoch wollen wir dieses Thema nicht einfach vergessen. Deshalb war es uns wichtig, andere zu Wort kommen zu lassen.

Wie ist es, wenn du Single bist, dir aber sehnlichst einen Partner wünschst, und Kinder? Was passiert, wenn deine Ehe zerbricht? Woher nimmst du die Kraft als alleinerziehende Mutter?

Barbara lebt schon seit vielen Jahren alleine, ihre Ehe wurde geschieden, als ihre Kinder noch klein waren. Ich will von ihr wissen, was ihr damals geholfen hat. Sie erzählt, dass das Wichtigste nach der Trennung die Vergebung war. Sie ging mit vielen Verletzungen aus ihrer Beziehung und wäre im Leben gescheitert, wenn sie nicht bewusst die Entscheidung getroffen hätte, ihrem Mann zu vergeben. »Das war nicht nur leicht, aber ich wusste, ich hatte keine andere

Wahl. Ich hatte so viel Wut im Herzen, dass ich meinen Exmann am liebsten öffentlich angeklagt hätte. Da sprach Gott zu meinem Herzen, dass ich das darf. Ich sollte anklagen, wo mir Unrecht widerfahren ist. Und dann bat Gott mich, ihm diese Anklage zu geben. Er nahm sie und mein Herz war frei.«

Barbara ging es nach dieser Entscheidung sehr viel besser und ihr großer Freundeskreis half ihr, auch als alleinerziehende Mutter in einem Netzwerk verankert zu sein. Zu sehen, dass auch bei heilen Familien nicht alles nur super läuft, hat ihr geholfen, sich nicht jedes Mal selbst anzuklagen, wenn bei ihren Kindern etwas danebenging. »Ein Freundeskreis, dem ich wirklich vertrauen kann, war für mich das Wertvollste in dieser Zeit.«

Natürlich gibt es immer wieder schwierige Zeiten als Single – die Abende des Alleinseins, Aktivitäten, bei denen nur Familien anwesend sind. Und auch die Sehnsucht nach einem Partner oder nach Kindern kann das Herz schwer machen. Susi, die zehn Jahre als Single lebte, bevor sie ihren Mann kennenlernte, erinnert sich gut an diese Zeit. »Ich habe meinen Frieden bei Jesus gefunden, und er hat mir damals die Sehnsucht genommen.«

Du darfst wissen, dass Gott den richtigen Plan für dich hat. Manchmal können wir nicht erkennen, warum die Lebensumstände bei uns so sind, wie sie sind, aber Gott weiß es. Mir fällt dazu die Bibelstelle aus Matthäus 6,33 ein. Wenn wir zuerst nach dem trachten, was Gottes Reich ist, wird er uns das geben, was unser Herz begehrt. Wer weiß, wozu dein Leben anderen dienen wird ... Klar, das ist nicht immer einfach. Es geht darum, trotz allen Fragen und aller unerfüllten Sehnsüchte Gott zu vertrauen, dass er es gut meint. Und darauf zu achten, keine Bitterkeit ins Herz einziehen zu lassen. Letztlich hat jeder Lebensstand Vor- und Nachteile – auch das muss man sich immer wieder bewusst machen.

Vielleicht bist du auch ganz bewusst Single. Dann darfst du selbstbewusst dazu stehen und hast es nicht nötig, dich für deine Lebensumstände zu rechtfertigen. Ich musste schmunzeln, als ich Miriam fragte, ob sie bewusst alleine lebt. »Nein, nicht bewusst, aber ich will Ehe auch nicht um jeden Preis. Ich habe zu viele Ehen scheitern sehen, ich bin wählerisch. Und wenn es nicht passt, dann bleibe ich auch gerne alleine.«

Sei offen für Beziehungen, entwickle Freundschaften und baue dir ein Netzwerk von Menschen, denen du vertraust. Du bist nicht alleine mit deiner Sehnsucht, und auch der Austausch mit Freunden wird dir helfen, dich mit deiner Lebenssituation zu versöhnen.

Freundschaften

Wer den Film »Der Herr der Ringe« gesehen hat, der weiß, was wahre Freundschaft bedeutet. Durch den ganzen Film ziehen sich diese Beziehungen zwischen den Hauptdarstellern, ganz besonders die Freundschaft zwischen Sam und Frodo. In einer völlig ausweglosen Situation, in der Frodo seine letzte Kraft unter Gefahren aufbringen sollte, um den ihm anvertrauten Ring bis zum Schicksalsberg zu tragen, bricht er völlig kraftlos zusammen. Neben ihm liegt genauso schwach sein Freund Sam. Auch er ist vor lauter Hunger und Durst zusammengebrochen. Und dann plötzlich, keiner weiß, wo er die Kraft hernimmt, steht Sam auf, sieht Frodo an und sagt mit aller Entschlossenheit: »Ich kann ihn nicht für dich tragen, aber ich kann dich tragen.« Er nimmt Frodo auf seine Schultern und trägt ihn den Berg hinauf. An dieser Stelle laufen dem Zuschauer die Tränen übers Gesicht. Mir auch. Solche Freunde wünschen wir uns.

Einen Menschen, dem man blind vertrauen kann. Der in guten und in schlechten Zeiten für einen da ist. Mit dem man Zeit verbringt, der bedingungslos zu einem steht. Der einen trägt, wenn man selber nicht mehr laufen kann.

> In dem Moment, in dem ich mein Herz dem anderen öffne, mache ich mich verletzlich, und das kann in Krisensituationen gegen mich verwendet werden.

Ganz selten noch finden sich heutzutage solche Freunde. Vielleicht, weil wir selber nicht mehr bereit sind, solch ein Freund zu sein. In dem Moment, in dem ich mein Herz dem anderen öffne, mache ich mich verletzlich, und das kann in Krisensituationen gegen mich verwendet werden. Also lassen wir unser Herz lieber verschlossen. Wenn ich von einem Freund erwarte, dass er immer für mich da ist, dann muss ich auch bereit sein, alles zu geben.

Hat sich dann erst einmal eine tiefe Freundschaft entwickelt, tut es umso mehr weh, wenn diese zerbricht.

Wie haben sich deine Freundschaften entwickelt?

Als ich mit 18 Jahren zum Glauben kam, bin ich auf der einen Seite eine Beziehung zu Jesus eingegangen, auf der anderen Seite habe ich echte Freunde in unserer Gemeinde gewonnen. Solche, die nicht hinter deinem Rücken über dich herziehen, die es ehrlich mit dir meinen und denen auch die richtigen Werte im Leben wichtig sind. Viele von diesen Freundschaften bestehen heute noch, über 30 Jahre später. Wir sehen uns nur noch selten, weil zwischen uns 700 km liegen. Aber Freundschaft ist manchmal nur einen Telefonanruf weit weg.

Zerbrochene Freundschaften

Aber auch das Ende einer Freundschaft musste ich vor vielen Jahren erleben. Von heute auf morgen zerbrach eine meiner engsten Freundschaften zu einer Frau. Ich habe lange Jahre so getan, als wäre das für mich völlig okay, weil ich mich im Recht fühlte, weil ich mich für die Geschädigte hielt. Viele Jahre habe ich diesen Verlust und diesen Schmerz in die hinterste

> Du kannst deinem Kopf viel erzählen, aber deinem Herz nichts vormachen.

Ecke meines Herzens gedrängt. Dort war er gut aufgehoben. Jahre später, völlig unerwartet, kam der Schmerz wieder an die Oberfläche. Du kannst deinem Kopf viel erzählen, aber deinem Herz nichts vormachen.

Obwohl es mir sehr schwer fiel, brachte ich den Mut auf, den Kontakt wiederherzustellen. Nicht mit dem Bedürfnis, die Freundschaft wieder aufzunehmen, sondern einzig und alleine um Heilung in unsere Herzen zu bringen. Die Wunde, die durch diesen Bruch entstanden ist, war nicht nur in meinem Herzen zu finden, sondern auch in ihrem. Wir trafen uns ein paarmal. Anfangs etwas befangen, später dann wieder vertraut, konnten wir über einiges reden und haben mittlerweile ein lockeres Verhältnis. Natürlich sind da Tränen geflossen. Aber weißt du, Tränen machen das Herz flüssig und weichen die Narben auf.

Nie hätte ich gedacht, dass sich unsere Beziehung so verändern kann, für mich war das unmöglich. Aber Gott ist viel größer als unsere Umstände. Für ihn ist nichts unmöglich, wenn wir in unserem Herzen entscheiden, das Richtige zu tun.

Was menschlich gesehen unmöglich ist, ist bei Gott möglich.
Lukas 18,27

Freundschaften beenden

Im Laufe eines Lebens erfährst du so manche Veränderung, entwickelst dich weiter, änderst Gewohnheiten und vielleicht auch Lebenseinstellungen. Was passiert mit einer Freundschaft, wenn du dich weiterentwickelst, deine Freunde aber nicht, oder umgekehrt? Wenn du merkst, dass Beziehungen anfangen schwierig zu werden, dann ist es sinnvoll, sie zu hinterfragen und gegebenenfalls zu beenden.

Kannst du dich bei deiner Freundin so geben, wie du bist, oder musst du dich verstellen? Lacht ihr noch zusammen? Fühlst du dich in ihrer Gegenwart angespannt oder sogar ausgelaugt? Hast du das Gefühl, mehr zu geben als zu bekommen? Spürst du unterschwellig Missgunst, Neid oder Manipulation? Freust du dich auf euer Zusammensein, oder ist es nur noch Pflichterfüllung? Fühlst du dich ausgenutzt, grübelst du oft über Dinge, die ihr besprochen habt? All das könnten Anzeichen dafür sein, dass dir diese Freundschaft nicht mehr guttut. Auch negatives Reden kann eine Freundschaft belasten. Wenn dein Gegenüber immer und überall nur das Schlechte sieht, an Umständen und an Menschen, dann beeinflusst dich das unmittelbar. Entscheide dich bewusst dagegen.

Natürlich kann es auch sein, dass du selbst der Auslöser dafür bist, dass sich die Freundschaft verändert hat. Du hast vielleicht gerade viel Stress und reagierst besonders sensibel. Geht der Neid vielleicht sogar von dir aus, weil deine Freundin etwas besser kann als du oder scheinbar vom Leben begünstigt wird, während du leer ausgehst?

Hinterfrage dich und deine Freundschaften. Welche sind dir wichtig, auf welche kannst du verzichten? Oft verlaufen Freundschaften im Sande, ohne dass du viel dazu beträgst, weil beide Parteien merken, dass da etwas nicht stimmt. Das ist in Ordnung so. Bewahre die guten Erinnerungen an eure gemeinsame Zeit in deinem Herzen.

Freunde finden

Genauso wie kaputte Freundschaften das Herz verletzen können, tun es nicht vorhandene auch. Es gibt so viele Menschen, die einsam sind, gar keine, oder nur wenige Freunde haben. Gehörst du dazu? Und jetzt erzähl mir nichts von 534 Freunden bei Facebook. Die meinen wir nicht.

Einen virtuellen Freund hast du mit einem Mausklick. Echte Freunde zu finden, ist manchmal gar nicht so einfach. Woran erkennst du einen Freund?

Ein guter Freund nimmt dich so, wie du bist, mit allen Ecken und Kanten. Bei einem guten Freund darfst du auch mal blöd sein, ohne dass dir die Freundschaft gekündigt wird. Freunde interessieren sich für dich, fragen auch mal nach, wie es dir geht, und erzählen nicht immer nur von sich selbst. Mit ihnen kannst du lachen und weinen oder einfach nur schweigen. Freunde sind nicht dazu da, um immer über Probleme zu reden. Mit ihnen kannst du auch ganz unkonventionell Spaß haben. Freunde ermutigen dich. Sie holen das Beste aus dir heraus, aber sagen dir auch, wenn du mal auf dem falschen Weg bist. Freunde freuen sich herzlich mit dir, wenn dir etwas Gutes widerfährt und wenn du sie brauchst, dann sind sie für dich da.

Geh mit offenen Augen durch die Welt und spüre, mit wem du auf gleicher Wellenlänge bist. Nicht jeder, der dir sympathisch ist, wird gleich zum Freund. Freundschaft muss sich immer zwischen zwei Menschen gleichzeitig entwickeln. Wenn nur einer die Freundschaft will, dann ist es für beide Seiten anstrengend.

Es gibt lebenslange Freundschaften und Lebensabschnittsfreunde. Wenn eine Beziehung zu Ende geht, dann achte darauf, dass nichts zwischen euch bleibt, was einen bitteren Nachgeschmack hinterlässt. Manche Freundschaften gehen einfach zu Ende, weil sich die Lebensumstände ändern. Nimm es so hin, und konzentriere dich auf das, was vor dir liegt.

Eine Freundin für alle Fälle

Beate und ich kennen uns seit 2003. Ganz unkonventionell haben wir uns über das Internet kennengelernt. Damals machte mich jemand auf ihre christliche Website *www.seinetoechter.de* aufmerksam. Ich sah mir die Seite an und registrierte mich. Kurze Zeit später schrieb mich Beate an, weil sie in meinem Profil las, dass ich als Fachfrau für Ernährungs- und Gewichtsmanagement arbeitete. Sie war im Begriff, ins Berufsleben neu einzusteigen, und ich habe einen kleinen Teil dazu beigetragen. Du hast auf Seite 25 f. schon gelesen, wie sich unsere Beziehung dann weiterentwickelt hat. Heute sind wir Freundinnen. Wir haben zusammen einige Bücher geschrieben, die Marke *Lebe leichter* auf den Markt gebracht, mehrere Frauentage zusammen gestaltet und schreiben jetzt dieses Buch zusammen. Zwischen uns liegen knapp 300 km, wir haben viele Gemeinsamkeiten, aber sind doch sehr unterschiedlich. Beate und ich sind Freundinnen, aber mit ihr gehe ich nie shoppen, und wir vertrödeln am Telefon selten Zeit mit Oberflächlichkeiten.

Karin habe ich vor über 30 Jahren in der Berufsschule kennengelernt. Durch sie habe ich zum Glauben gefunden. Mit ihr gehe ich auch nicht shoppen, aber kann über alles reden. Stundenlang. Wir sehen uns selten, da 700 km zwischen uns liegen. Aber wenn wir uns sprechen, dann ist es so, als wären wir nie getrennt gewesen.

Mit Petra kann ich stundenlang shoppen gehen, mit Nicole mich über Backrezepte austauschen, mit Sigi lachen und feiern und mit Carmen kann ich über Gott und die Welt reden, auf ein Konzert gehen und in die Sauna.

Mit manchen Freundinnen kann ich reden, mit anderen arbeiten, mit einigen treffe ich mich zum Sport und mit wenigen kann ich beten. Im Laufe eines Lebens haben sich viele Freundschaften entwickelt. Auch mit über 50 Jahren lerne ich immer wieder neue Menschen kennen, zu denen sich eine Freundschaft entwickelt. Das fasziniert mich immer wieder. Voraussetzung ist ein offenes Herz. Das will ich mir bewahren.

Eine Freundschaft kann Leben retten

Auf Seite 11 ff. hat Beate schon mal von Diana erzählt. Sie war das verlassene Baby mit der Neurodermitis. In ihrer Gemeinde kannten sie alle nur als die kreative und quirlige Diana. An dieser Stelle kommt noch einmal Beate zu Wort, denn was Diana auf einem Frauenwochenende erzählte, zog allen fast die Schuhe aus:

> Diana und ihre Schwester waren bei den Großeltern aufgewachsen, aber die begabte Schwester war der Liebling gewesen. Diana spielte die Nebenrolle. Bei Urlauben durfte nur die Schwester mit. Diana musste bei ihrer Mutter bleiben. Die trank viel Alkohol, blieb oft bis spät in der Nacht weg und schlief den ganzen Tag. Als sie ungefähr zehn Jahre alt war, verabschiedete sich Dianas Mutter endgültig aus dem Leben ihrer Töchter. Sie meinte, sie

hätte jetzt zehn Jahre auf die beiden aufgepasst, jetzt sei mal der Fremdgeher dran. Sturzbetrunken zog sie von dannen. Das war das letzte Mal, dass Diana etwas von ihr gehört hat.

Mit 24 Jahren lernte Diana dann Tom kennen und nach einem halben Jahr war sie schwanger. »Schon nach ein paar Wochen kam eine abgrundtiefe Trauer über mich. Anscheinend kam die ganze Ablehnung, die ich selber im Bauch meiner Mutter erlebt habe, wieder hoch. Ich kapselte mich immer mehr ab, heulte, bekam Panikattacken und ging kaum noch aus dem Haus. Ich hatte Angst, die Leute merken, dass mit der lustigen Diana was nicht stimmt.«

Im Schwangerschaftskurs lernte Diana eine Frau aus unserer Gemeinde kennen. Die beiden tauschten Adressen und verabredeten sich. »Die Treffen mit den Babys taten mir so gut. Beate V. ergriff immer wieder die Initiative, rief mich an und erzählte mir auch viel von ihrem Glauben an Gott. Ich war damals noch unfähig, Kontakte zu pflegen, aber unsere Freundschaft war Balsam für meine Seele. Nach fünf Jahren nahm ich ihre Einladung an, mal mit in den Gottesdienst zu gehen.«

Seit diesem Gottesdienstbesuch gehört Diana zu unserer Gemeinde. Sie kam zum lebendigen Glauben an Gott und durch das Lesen in der Bibel wurde ihr krankes Selbstbild Stück für Stück erneuert. Und so kannten wir sie, die bildschöne, lebendige und kreative Diana.

Aber Dianas Geschichte geht noch weiter und das ist der Grund, warum in unserer Gemeinde die sogenannten »Freundinnen-Abende« entstanden sind. Abende, speziell für Frauen. Damit niemand allein dastehen muss. Wir haben uns auf die

Fahne geschrieben: Es soll keine alleine sein müssen. Mit ihrer Überforderung. Mit Einsamkeit. Mit Minderwertigkeitsproblemen. Mit Hoffnungslosigkeit. Mit Krankheiten. In schwierigen Beziehungen. Das alles hatte der Bericht von Diana bei einem Frauenwochenende ausgelöst.

Wir hatten das gar nicht gewusst: Immer wieder kämpfte Diana, manchmal auch jetzt noch, mit Depressionen und dem Gefühl, dass es für alle besser wäre, wenn es sie gar nicht geben würde. Der rote Faden ihrer Vergangenheit war noch nicht endgültig gekappt. Nicht nur einmal hatte es in ihrer Familie Depressionen bis hin zum Selbstmord gegeben. Ihr Vater hatte sich 2006 in seinem Schrebergarten erhängt und ihre Oma hat sich 2010 im Main ertränkt.

Und dann erzählte sie uns beim Frauenwochenende, dass sie auch in den letzten Wochen ein paarmal dicht dran war, sich das Leben zu nehmen, weil sie dachte, es wäre die beste Lösung für alle.

Wir 29 Frauen saßen da, wie vom Donner gerührt. Im Leben hätten wir nicht mit dem gerechnet, was Diana in den letzten Wochen durchgemacht hatte und welche Gedanken ihr durch den Kopf gegeistert waren.

Das Wochenende kippte regelrecht. Wir hatten eine sehr gute Zeit, aber es war kein lustiges Frauenwochenende, eher ein bewegendes. Genau da beschlossen wir, dass es, soweit es in unserer Macht steht, nie wieder passieren sollte, dass es einer von uns so dreckig geht, ohne dass wir es merken. Damals entschieden wir uns dazu, noch dichter zusammenzurücken. Noch mehr aufeinander zu achten und mehr im ehrlichen Austausch zu sein.

Als direkte Folge daraus führten wir unsere »Freundinnen-Abende« ein. Wir wollen nicht nur zusammen »Events« veranstalten, sondern unsere Beziehungen vertiefen. Eine Schutzmauer bauen, damit keine in schwierigen Zeiten ganz alleine ist.

Wir fingen an, uns regelmäßig zu treffen, auch ohne besonderen Anlass oder ein bestimmtes Thema. Allein der angesetzte Termin für unseren »Freundinnen-Abend« hilft uns, uns daran zu erinnern, was wir uns auf die Fahne geschrieben haben: Auf unserer Einladung zu den Freundinnen-Abenden steht: »Falls du eine Freundin brauchst, eine sein möchtest, einfach nette Ladys kennenlernen willst: Du bist herzlich willkommen. Manchmal haben wir ein Thema, aber unser Hauptthema bist du und wie es dir grade geht.«

Manchmal haben wir etwas zu essen, aber wichtiger als ein gut organisiertes Event und perfekte Deko ist uns, dass Frauen eine Freundin finden, für alle Fälle.

Beate

Wir bauen einen Ort, wo wir zusammen träumen und unser Geist sich beflügelt.

Manche Träume sind Schäume, manche sind von Gott, mit denen gehen wir weiter. Zusammen.

Wir bauen einen Ort, wo Tränen getrocknet werden. Du brauchst nicht allein sein.

Wir bauen einen Ort, wo Menschen echt sein dürfen.

Wir wollen leben, was wir sind, und geben, was wir haben.

Wir wollen keine Phrasen dreschen. Auf unserem Herzen brennen echte Anliegen.

Manchmal geht es um Leben und Tod.

Wir wollen keinen Eindruck machen. Wir sind, wie wir sind, nicht mehr und nicht weniger.

Wir wollen leben, was wir sind, und geben, was wir haben. Zusammen wollen wir die Welt zu einem besseren Ort machen.

Diana richtet aus ihrer eigenen Erfahrung heraus einen Appell an ungewollt Schwangere:

Wenn du ungewollt schwanger geworden bist, verzweifelt bist und am liebsten früher heute als morgen die Schwangerschaft abbrechen willst: Tu es nicht! Entscheide dich für das Leben. Ich trete für die Seite des ungeborenen Lebens ein, weil ich selbst in der Situation war. Es gibt immer eine Lösung, auch wenn dein Partner oder deine Eltern dir nicht helfen können oder helfen wollen.

Wende dich an Gott. Bete und er wird dich zu Menschen und Beratungsstellen führen, die dir effektiv helfen können. Tu es für dich selbst. Ich kenne Frauen, die nach über 20, 30 Jahren schwerste psychische Probleme haben, weil sie in jungen Jahren verzweifelt einen Schwangerschaftsabbruch durchgezogen haben. Spiel nicht Gott, indem du über ein Leben und dessen wichtige Bestimmung entscheidest. Wenn der Wille meiner

Mutter damals in Erfüllung gegangen wäre, wäre meine Familie komplett ausgelöscht worden! Tu es bitte nicht. Du kannst die schwere Verantwortung, ein Leben auszulöschen, nicht tragen. Schau dir mein Beispiel an. Ich wurde auch nicht klassisch von meinen Eltern großgezogen. Ich bekam Pflegeeltern, die trotz einiger Macken unsagbar wertvoll für mich waren. Und trotz allem ist – Gott sei Dank – etwas Gutes aus mir geworden.

Ziemlich beste Freundinnen

Wir sind eine junge Gemeinde, die mein Mann und ich 2007 in unserem Wohnzimmer gegründet haben. Aus dem Wohnzimmer sind wir lange herausgewachsen, dennoch bleibt diese enge Verbundenheit zwischen den Gemeindemitgliedern. Wir leben Freundschaft miteinander. Wir treffen uns zu den Gottesdiensten und anderen Gemeindeveranstaltungen, aber genauso gerne feiern wir miteinander. Vor ein paar Jahren wurden wir von Katrin zu einem Event eingeladen, das sie einmal jährlich bei sich zu Hause veranstaltet. Mit folgendem Text lud sie uns ein:

Meine Freundinnen und ich wissen, wie man einen Mann zum Lachen, Weinen oder zum Verzweifeln bringt.
Meine Freundinnen und ich kennen jeden Trick, wie man jemanden ins Bett kriegt, vor allem Kinder.

Meine Freundinnen und ich wissen, wo man Geld spart, um es mit vollen Händen wieder auszugeben.

Meine Freundinnen und ich wissen, dass wir eine Überdosis Schokolade überleben können.

Meine Freundinnen und ich haben in Lücken geparkt, die Männer nicht mal gesehen haben.

Meine Freundinnen und ich wissen, dass wir nicht immer recht haben, aber meistens.

Meine Freundinnen und ich wissen, dass Bauchgefühle oft gute Ratgeber sein können.

Meine Freundinnen und ich wissen, dass nicht jede Geschichte ein Happy End hat.

Meine Freundinnen und ich wissen, dass es mindestens eine Person gibt, die wir in der Nacht anrufen können.

Meine Freundinnen und ich können gleichzeitig zusammen lachen und weinen.

Meine Freundinnen und ich wissen, dass Lachen die schönsten Falten macht.

Meine Freundinnen und ich freuen uns auf dich.

Wenn du eine Freundin bist, suchst oder sein möchtest, bist du herzlich eingeladen.

Jede Frau sollte etwas für das gemeinsame Buffet beisteuern, so blieb nicht zu viel Arbeit an Katrin hängen. Wir waren begeistert von dem Text und der Idee. Und haben sie einfach geklaut. Regelmäßig treffen wir uns zu unterschiedlichen Events. Kinoabend, Lagerfeuer, Flammkuchenessen, Städtereisen und ganze Wochenenden liegen schon hinter uns. Auch wenn das nicht immer einfach ist, wir wollen füreinander da sein, und so gut es geht für die andere eine »ziemlich beste Freundin« sein. Falls du in deiner Gemeinde eine Frauenarbeit ins Leben rufen möchtest, darfst du unsere Ideen sehr gerne auch klauen.

Gemeinde als Schutz für die Seele

Von Gerlinde hast du auf Seite 46 schon gelesen, wie sie 2013 zum ersten Mal zu unserem Freundinnen-Wochenende mitgefahren ist. Sie war zwar schon lange gläubig, aber ging seit Jahren, genauer gesagt seit März 2005, in keine Gemeinde mehr. Damals hatte sie den Eindruck gehabt, die Motivation für ihre Mitarbeit in der damaligen Gemeinde sei nicht die richtige, und sie müsste Gott erst mal ganz neu finden.

»Ich beschloss, mich zurückzuziehen und die Beziehung zu Gott zu vertiefen und mich nur noch um mich und meine Beziehung zu Jesus zu kümmern. Zuerst habe ich mich also von meiner Gemeinde zurückgezogen, aber dann habe ich innerhalb kürzester Zeit auch fast alle anderen Kontakte, zu Freunden, zu Verwandten, abgebrochen, weil ich einfach nur noch zu Hause sein wollte. Und Gott? Der spielte sehr bald in meinem Leben *keine* Rolle mehr.

Eine ganze Zeit lang dachte ich noch, ich bleibe zu Hause, weil ich eben am liebsten zu Hause bin, und ich geh nicht raus, weil ich nicht rausgehen *möchte*. Aber irgendwann wurde ganz klar, dass ich nicht rausging, weil ich nicht mehr rausgehen *konnte*,

selbst wenn ich wollte. Ich bin einfach nirgendwo mehr hinge-
gangen, am Ende nicht mal mehr zu den Geburtstagen meiner
Eltern. Mein Mann musste mit unseren beiden Kindern überall
alleine hin.

Das ging fast sieben Jahre so und es wurde von Jahr zu Jahr
schlimmer. Ich war wie ein Tier zu Hause eingesperrt, gefangen
in meiner Angst, Wut, Menschenverachtung und Selbsthass.

Ende 2011 war ich an dem Punkt, wo ich wirklich nicht mehr
leben wollte. Ich habe gedacht, dass ich für alle nur eine Belas-
tung, ja, eine Zumutung bin und dass mein Mann und die Kinder
ohne mich besser dran wären. Ich begann Angst vor mir selbst
zu haben. Angst davor, dass ich die Kontrolle verliere. Angst vor
einer Kurzschlusshandlung, die dann auch nicht mehr umkehrbar
wäre.

Da habe ich gemerkt, dass sich etwas Entscheidendes ändern
muss, und habe Gott um Hilfe angefleht. Ich habe dann einen
Arzt gefunden, der eine generalisierte Angststörung bei mir diagnostizierte und mir wirksame Medikamente verschrieb. Innerhalb
von wenigen Wochen war ich ein neuer Mensch. Meine Beziehungen wurden fast über Nacht heil, und zwar die zu mir selber,
zu meiner Familie und zu Gott. Ich durfte erleben, wie Gott mich
behutsam und genau auf die für mich richtige Art und Weise in
eine Gemeinde zurückführte, mich völlig wiederherstellte, mich
auf wunderbare Weise ganz neu in seinen Dienst stellte und die
Gaben und Talente, die er mir gegeben hatte, wieder zum Vor-
schein brachte.

Ich weiß jetzt – aus eigener leidvoller Erfahrung –, warum
Gott in seinem Wort sagt, dass wir die Gemeinde nicht verlassen

sollen: zu unserem Schutz! Weil wir einfach zu schnell den Fokus verlieren, wenn wir auf uns allein gestellt sind.

›Spornt euch gegenseitig zu Liebe und zu guten Taten an. Und lasst uns unsere Zusammenkünfte nicht versäumen, wie es einige tun, sondern ermutigt und ermahnt einander, besonders jetzt, wo der Tag seiner Wiederkunft näher rückt.‹ (Hebräer 10,24 f)

Ich habe erlebt, dass wir einander brauchen, um uns zu ergänzen, zu helfen, zu korrigieren und wieder auszurichten, wenn einer von uns den Fokus verliert. Und ich habe verstanden, dass wir für die Gemeinschaft gemacht sind und nur in der Gemeinschaft wirklich glücklich und erfüllt leben können. Selbst wenn wir uns mit anderen »reiben«, dient das letztlich unserer Veredelung.«

Ich bin so froh, dass Gerlinde sich den Prozessen gestellt hat, die für ihre innere Heilung notwendig waren. Sie hat bei Veranstaltungen schon mehrfach von ihren Erfahrungen mit der Angststörung erzählt und ihre Geschichte macht betroffenen Menschen viel Mut. Und für unsere Freundinnen-Abende ist Gerlinde eine absolute Bereicherung.

Beate

Beziehung zu Fremden

Viele Menschen, mit denen wir zu tun haben, kennen wir kaum oder nur oberflächlich. Wir haben nicht wirklich eine Beziehung zu ihnen. Sie stehen uns nicht besonders nahe, aber dennoch gehören sie zu unserem Leben. Dazu gehören Arbeitskollegen genauso wie die Frau, die sich im Supermarkt vordrängelt. Der Typ, der dir morgens die Vorfahrt genommen hat, die Mutter, die beim Elternabend ungefragt immer ihren Senf dazugeben muss, und der Mann bei der Hotline, der dich schon wieder nervt. Da wirst du hin und wieder mit Situationen konfrontiert und erkennst dein eigenes Verhalten nicht wieder. Ist ein bisschen so, als würdest du neben dir stehen, dich beobachten und den Kopf schütteln. Bist du dann erst mal in Rage, kommst du aus der Nummer auch so schnell nicht wieder raus.

Da kommen Ausdrücke aus deinem Mund, bei denen du froh bist, dass die jetzt keiner gehört hat. Unmögliche Gedanken nehmen den Platz in deinem Herzen ein, den normalerweise Nächstenliebe einnehmen sollte. Kleine Stiche bohren sich im zwischenmenschlichen Miteinander in dein Herz. Und du reagierst. Eigentlich willst du so nicht sein, und dennoch überkommt es dich manchmal. Und dann bist du genervt oder verärgert, hysterisch oder ausfallend. Peinlich.

Im Gespräch mit meiner Tochter bestätigt sie mir dieses manchmal unmögliche Verhalten. »Ich weiß, dass ich mich total danebenbenehme, mir tut das schon in dem Moment leid, aber ich kann's dann irgendwie auch nicht ändern.«

Es gibt das nette Sprichwort: »Wie du in den Wald hineinrufst, so schallt es wieder heraus.« Du wirst immer das ernten, was du säst. Das ist nicht immer leicht, aber Übung macht den Meister.

Säe Freundlichkeit und du wirst Freundlichkeit ernten. Vielleicht nicht immer sofort. Vielleicht gibt es auch mal Stürme, die die Ernte zunichtemachen. Aber wenn du beständig gute Gedanken, wohltuende Worte und Freundlichkeit aussäst, wirst du dies definitiv auch ernten. Gewöhne dir einen großzügigen Lebensstil an, ver-

> Säe Freundlichkeit und du wirst Freundlichkeit ernten. Vielleicht nicht immer sofort.

schenke Freundlichkeit, wo du nur kannst, auch wenn du eigentlich ärgerlich bist.

Was immer in deinem Herzen ist, das bestimmt auch dein Reden.
Lukas 6,45

Achte darauf, was du an Gedanken in dein Herz lässt, dann kommen freundliche Worte aus deinem Mund, ohne dass du darüber nachdenken musst.

Eine freundliche Antwort besänftigt den Zorn,
kränkende Worte erregen ihn.
Sprüche 15,1

Hast du das mal erlebt? Wenn dein Gegenüber deinen Wutausbruch oder deinen Ärger erwartet und du stattdessen freundlich bist?

Dich kostet das richtig viel Überwindung, aber für das Resultat lohnt es sich. Dann grinst du innerlich und freust dich über das Ergebnis.

Tief durchatmen, bevor du redest

Ich hatte vor ein paar Jahren so eine Situation. Wir hatten ein Haus in Norddeutschland, in dem eine Mieterin wohnte. Sie wusste, dass wir zu einem bestimmten Zeitpunkt das Haus verkaufen wollten, und hatten ihr das auch rechtzeitig angekündigt. Als es dann so weit war, boten wir das Haus in einem Internetportal an. Viele Zuschriften erfolgten und wir vereinbarten mit der Mieterin eine Zeit, in der die Kaufinteressenten das Haus besichtigen konnten. Und dann kam die Überraschung. Keiner der Interessenten meldete sich nach der

Besichtigung bei uns. Da es sich um ein altes, von uns renoviertes Fachwerkhaus handelte, wussten wir, dass es nur einem Liebhaber gefallen würde. Aber niemandem??? Wir waren sehr verwundert und konnten uns das gar nicht erklären.

Nach ein paar Tagen bekamen wir dann einen Anruf von einer der Interessentinnen, die uns mitteilte, dass sie sich das Haus angeschaut habe, es für sie finanziell aber nicht infrage käme. Sie wolle mir aber Bescheid geben, dass wir das Haus sicherlich nicht verkauft bekämen: Die Mieterin habe es vor allen Anwesenden schlechtgemacht.

Kannst du dir vorstellen, wie sauer ich war? Mein erster Impuls war, sofort bei unserer Mieterin anzurufen und sie zur Rede zu stellen. Ich bereitete mich mental auf diese Konfrontation vor. Aber dann betete ich doch noch mal, bevor ich zum Telefon griff. Die Bibelstelle aus Sprüche 15,11 fiel mir ein, und ich wusste, dass ich mit meinem Ärger nichts erreichen werde. Außerdem wurde mir bewusst, dass unsere Mieterin gerne in dem Haus bleiben wollte, weil es genau ihren Bedürfnissen entsprach. Es gab kaum freie Wohnungen, und das war ihre Art zu reagieren.

Also rief ich sie an und bedankte mich sehr herzlich bei ihr, dass sie sich die Zeit genommen hatte, die Interessenten durch das Haus zu führen. Ich kündigte ihr an, dass wir die nächste Besichtigung selber durchführen wollten, um sie nicht weiter zu belasten. Zwei Wochen später fuhr ich die 600 km Richtung Norden. Bevor die Hausbesichtigung stattfand, unterhielt ich mich sehr nett mit der Mieterin. Ich versprach ihr, dass wir versuchen werden, auch für sie eine gute Lösung zu finden. Sie sagte nichts Negatives mehr über unser Haus. Wir haben uns dann für einen Käufer entschieden, in dessen bisherige Wohnung unsere Mieterin einziehen konnte. Alle waren wir mit dieser Situation sehr zufrieden, und es blieb kein negativer Nachgeschmack.

Es gibt ja das Sprichwort: »Es kann der Frömmste nicht im Frieden leben, wenn es dem bösen Nachbarn nicht gefällt.« Ärger
in der Nachbarschaft kann dir das Leben ganz schön vermiesen.
Wir waren in ein Reihenhaus gezogen, hatten aber schon gehört,
dass mit unserer direkten Wand-an-Wand-Nachbarin nur schwer
auszukommen war. Da machte ich mir nun wirklich keinen Kopf.
Wo sollte es zwischen uns und dieser alleinstehenden Frau Kon-
fliktpotenzial geben? Die ersten Monate ging alles gut.

Aber dann fing sie immer öfter an, mit einem Besen an die
Wand zu klopfen, um zu zeigen, dass sie gerade Geräusche von
unserer Seite hörte. Wir ermahnten unsere Kinder, langsamer
die Treppe rauf- und runterzulaufen, denn anscheinend war das
die Ursache. Eines Tages saß ich im Büro und arbeitete, unsere
Älteste war mit den Hausaufgaben beschäftigt und die anderen
Kinder spielten draußen. Da klopfte es wieder und kurz darauf
rief die Nachbarin an, um mir mitzuteilen, dass sie nun die Polizei einschalten würde. Der Lärm sei unerträglich. Da nur meine
Tochter und ich im Haus waren, war ihr Anruf geradezu absurd.

Ab diesem Zeitpunkt klingelte oft das Telefon. Entweder die
Nachbarin, manchmal auch die Polizei, die wirklich verständigt
worden war. Ich bekam Angst, die Kinder auch nur kurz alleine zu
lassen, denn wenn in so einem Fall die Polizei gekommen wäre,
wer weiß, was sie uns noch angehängt hätte. Auch unseren Bibel-
kreis hasste sie. Wir sangen am Anfang immer ein paar Lieder,
vorsorglich bei geschlossenen Fenstern, um die Frau nicht zu

verärgern. Wieder einmal war sie erbost und erzählte den anderen Nachbarn, wie sehr sie unter unserem Lärm zu leiden habe.

Statt uns zu rechtfertigen, machte mein Mann ihr einen Vorschlag. Er kam während unseres Hauskreises zu ihr ins Haus und wollte, zusammen mit einem anderen Nachbarn, den Lärm mit eigenen Ohren hören. Und obwohl wir so laut oder leise sangen wie immer: Drüben hörte man nichts. »Vielleicht«, sagte mein Mann später, »wenn man ganz konzentriert lauscht, könnte man meinen, dass von irgendwo weit weg Musik zu hören ist.«

Der Terror blieb noch eine Weile bestehen und mir wurde klar, dass ich auf mein Herz aufpassen musste. Dafür gab Gott mir eine super Strategie: Ich kaufte immer wieder Blumen und stellte sie der Nachbarin vor die Haustür. Ab und zu konnte ich sehen, wie sie die Blumen fand und sich erstaunt umschaute, als wolle sie wissen, von wem die wohl kamen. Sie wird nicht geahnt haben, dass sie von mir waren, aber für mich war das Blumenschenken Therapie. Mit den Blumen stellte ich sozusagen auch meine unfreundlichen Gedanken ihr gegenüber ab. Ich konnte sie segnen und ihr Gutes wünschen. In der Zeit hat mir der Spruch geholfen: »Bei einem ›richtigen Menschen‹ kannst du nichts falsch machen, bei einem ›falschen‹ nichts richtig.«

Unser Anteil an den Schwierigkeiten war sicher gering. Aber es war gut, dass mein Mann und ich in dieser Zeit unser Herz vor Ärger und Hass bewahrt haben. Irgendwann ist die Frau dann ausgezogen – und wie wir erfahren haben, hat sie auch dort wieder mit unmöglichen Nachbarn zu kämpfen.

Beate

Behüte sein/ihr Herz

> Freut euch. Ändert euer Verhalten. Ermutigt einander. Haltet fest
> zusammen und habt Frieden untereinander. Dann wird der Gott
> der Liebe und des Friedens mit euch sein.
> *2. Korinther 13,11*

Bin ich das Problem?

Wenn es nach mir ginge, ich würde ja immer Frieden halten, wenn
sich die anderen doch anders verhalten würden.

Du ahnst es vielleicht schon, aber jetzt wird es mal kurz ungemüt-
lich. Schon im letzten Kapitel hast du vielleicht dein eigenes Verhalten
unter die Lupe genommen. Und jetzt frage ich dich, ob du das Problem bist. Und ich frage mich, ob ich das Problem bin.

Wenn wir mal ganz ehrlich zu uns sind, dann müsste uns klar sein,
dass schlechte Stimmung, Streit und Ärger nicht immer nur von den
anderen ausgeht. Wie wirke ich auf meine Umgebung? Bin ich immer
nur freundlich? Tue ich anderen immer nur gut? Fragen wir uns, wie
gut die anderen mit uns auskommen? Wie schnell bist du beleidigt,
genervt, gereizt, ungerecht oder einfach nur schlecht gelaunt?

Wenn ich ganz offen mit mir selber bin, dann muss ich zugeben,
dass ich nicht immer nur gut drauf bin. Hin und wieder kann ich auf
ganz subtile Art und Weise auch sehr unangenehm sein. Meistens
dann, wenn ich angegriffen werde oder wenn ich meinen Willen nicht
durchgesetzt bekomme. Dann wirke ich schnell arrogant, obwohl ich
das gar nicht bin. Kennst du das? Wenn du dich einfach nur blöd
verhältst, das auch weißt, aber es in diesem Moment nicht ändern
kannst?

Durch solche Verhaltensweisen können wir selber andere oft verletzten, manchmal bewusst, manchmal unbewusst.

Die gute Nachricht

Und jetzt kommt die gute Nachricht. Das geht jedem so. Keiner von uns ist nur gut, nur nett, nur freundlich und immer gut drauf. Wir alle haben unsere Macken, Fehler und Neigungen und ecken hier und da an. Aber das bedeutet nicht, dass wir einfach so wie Elefanten in Porzellanläden durchs Leben trampeln müssen. Es ist gut, sich selber hin und wieder zu reflektieren und zu erkennen, wo wir selber Fehler gemacht haben. Der Blick auf das eigene Verhalten hilft uns, nicht in Selbstgerechtigkeit zu verfallen.

Es ist gut, sich selber hin und wieder zu reflektieren und zu erkennen, wo wir selber Fehler gemacht haben.

> Warum regst du dich über einen Splitter
> im Auge deines Nächsten auf, wenn du selbst
> einen Balken im Auge hast?
> *Matthäus 7,3*

Die andere Seite der guten Nachricht ist, dass dir dein Verhalten auch vergeben wird. Wenn du merkst, dass dein Verhalten nicht richtig war, bitte Gott um Vergebung. Noch mehr Größe zeigst du aber, wenn du auch die Person, die du verletzt hast, um Vergebung bittest. Das tut nicht nur deinem Gegenüber gut, sondern dir selber auch.

Entschuldigung

Mein Mann und ich waren auf einer Geburtstagsfeier eingeladen und die Stimmung war sehr ausgelassen. Ein Wort gab das andere, wir lachten viel und irgendwann machte ich einen blöden Spruch, mit dem ich meinen Mann bloßstellte. Das war nicht wirklich von mir beabsichtigt, aber es kam mir einfach so über die Lippen. Schon als ich es ausgesprochen hatte, wusste ich, dass das nicht richtig war. Es war jetzt nicht wirklich etwas sehr Dramatisches, aber dennoch merkte ich meinem Mann an, dass ihn das getroffen hat. Die Ausgelassenheit auf der Party ging weiter, aber mich ließ der Gedanke nicht los, dass ich mich falsch verhalten hatte. Am nächsten Tag, mein Mann hatte die Situation sicherlich schon wieder vergessen, beschäftigte mich das Thema immer noch. Ich ging zu ihm und entschuldigte mich für den blöden Spruch. Er hatte es nicht vergessen.

Nimm im Miteinander mit deinem Gegenüber eine Haltung der Wertschätzung und Ermutigung an.

Wenn nichts zwischen dir und anderen Menschen steht, macht es dein und sein/ihr Herz leichter. Manchmal bedeutet das, unser eigenes Verhalten zu ändern. Nimm im Miteinander mit deinem Gegenüber eine Haltung der Wertschätzung und Ermutigung an. Du wirst Frieden in deiner Umgebung haben und es wird dein eigenes Herz verändern.

BEHÜTE DEIN HERZ
VOR DIR SELBST

Die Umstände, denen wir von außen ausgesetzt sind, können wir oft nicht beeinflussen. Wohl aber, was wir uns und unserem eigenen Herzen zumuten. Wir gehen oft ganz unbedacht mit dem um, was wir denken, sprechen, hören, lesen, anschauen und fühlen. Und manchmal wundern wir uns, warum wir unzufrieden sind, warum es uns schlecht geht oder wir uns einfach nicht gut fühlen. Wenn uns jemand fragt, könnten wir das noch nicht einmal richtig erklären. Um uns herum scheint die Welt in Ordnung zu sein, aber wir bekommen davon einfach nichts mit. Könnte es sein, dass wir unserem Herzen mehr zumuten, als es vertragen kann?

Vorbeugen

Achte darauf, deine Seele vor negativen Einflüssen zu schützen.

> Lasst euch nicht von den Versuchungen dieser Welt bestimmen, denn sie schaden eurer Seele.
> *1. Petrus 2,11*

Gegen Gefühle kannst du dich kaum wehren. Sie kommen meist unangekündigt und wirken sich positiv oder negativ auf deine Gedanken und damit auf dein Verhalten aus. Positive Gefühle halten wir gerne aus. Da jubelt die Seele, da geht es dir gut, da entspannst du dich, freust dich, fühlst dich geborgen, friedlich und gestärkt. Aber was ist mit den negativen Gefühlen? Die kommen oft angeflogen, ohne dass wir sie bestellt haben. Angst, Eifersucht, Neid, Ärger, Frust, Langeweile, Einsamkeit, alles Gefühlsregungen, die eine Reaktion erwarten. Wie reagierst du auf solche Gefühle? Bist du ihnen schutzlos ausgeliefert und ergibst dich in Selbstmitleid? Verstärkst du solche Gefühle, indem du sie nährst? Verdrängst du die Gefühle, indem du dich ablenkst? Oder gehörst du zu denjenigen, die Gefühle »verg*essen*« oder runterschlucken?

In unserem Buch »Lebe leichter – Bleibe leichter in einem bewegten Alltag« haben wir diesem Thema ein ganzes Kapitel gewidmet. Gefühle beeinträchtigen unser Leben und haben immer Handlungen zur Folge. Wie reagierst du auf negative Gefühle? Hier kommt wieder dein Herz ins Spiel und diese wichtige Bibelstelle aus Sprüche 4,23: »Vor allem aber behüte dein Herz, denn dein Herz bestimmt dein ganzes Leben.« Während du dich gegen Gefühle, die du hast, nicht wehren kannst, kann dein Herz aber eine Entscheidung treffen, wie du mit diesen Gefühlen umgehst. Du kannst ihnen nachgeben oder dich bewusst dagegen entscheiden. Wenn das aber nur so einfach wäre.

Frühwarnsystem

Wie leicht hätten wir es, gäbe es so ein Frühwarnsystem wie ein Blitzerwarner im Radio. Sobald du weißt, wo der Blitzer steht, trittst du auf die Bremse und hältst dich brav an die Geschwindigkeitsbegrenzung. Wenn uns das Frühwarnsystem rechtzeitig auf die Gefühlsherausforderung aufmerksam machen würde, wären wir rechtzeitig auf Hab acht und könnten gegensteuern.

»Achtung, um 11.45 Uhr fährt deine Nachbarin mit ihrem neuen Auto vor. Achte darauf, dass du nicht neidisch wirst.«

»Achtung, dein Chef brummt dir gleich eine Überstunde auf, obwohl du heute verabredet bist. Lass die Schokolade in der Schublade und geh in der Mittagspause lieber eine Runde an die frische Luft.«

»Achtung, dein Mann hat heute einen schlechten Tag auf der Arbeit gehabt und wird gleich über die nicht gebügelte Wäsche meckern.«

Du wärst vorbereitet, könntest Neid sofort blockieren, die Schokolade der Kollegin schenken und für den Mann die passende Antwort vorbereiten. Oder seine Sachen noch schnell bügeln.

Aber so bist du für all die Entscheidungen in dem Moment des Gefühlsausbruchs selber verantwortlich und musst gut aufpassen, was du in dein Herz hineinlässt und wie du auf Herausforderungen reagierst.

> Aber so bist du für all die Entscheidungen in dem Moment des Gefühlsausbruchs selber verantwortlich.

Veränderung suchen

Sabine erzählte letztens von einer Situation, die sie mit ihrem Mann erlebt hatte. Ihr Mann ist selbstständig. Er arbeitet von zu Hause aus, während sie den ganzen Tag in einer Firma im Büro arbeitet. Als sie eines nachmittags das Büro verließ, erledigte sie noch den Wocheneinkauf, kam zu Hause an, schleppte die Einkaufstaschen hoch und fing an zu kochen. Die Küche war vom Morgen noch nicht aufgeräumt. Ihr Mann saß im Wohnzimmer vor dem Fernseher. Am liebsten wäre sie geplatzt. Lautstark fing sie an die Lebensmittel aufzuräumen und das Essen zuzubereiten. Innerlich kochte sie und knallte ihrem Mann mental einige Vorwürfe an den Kopf. Einzig und alleine ihr Harmoniebedürfnis hinderte sie daran auszurasten. Normalerweise war das für sie eine typische Situation zum Schokoladessen. Immer dann, wenn sie keine Lösung für ihre Gefühle fand, griff sie zu Süßem. Damit baute sie Druck ab. Aber nur für den Moment. Das wusste Sabine und sie wollte diesmal eine wirkliche Veränderung. Während des Essenkochens betete sie und bat Gott um eine Idee. Die Mahlzeit wurde zwischen den beiden Ehepartnern schweigend eingenommen, weil Sabine immer noch ärgerlich war, aber keinen Streit provozieren wollte. Zwei Tage später bat sie ihren Mann um eine Unterhaltung. Sie erklärte ihm, dass sie mit der Hausarbeit allein überfordert sei, und bat ihn um Mithilfe. »Du musst halt was sagen«, erwiderte ihr Mann. »Ich will nichts sagen. Ich möchte, dass wir die Hausarbeit aufteilen. Du übernimmst einen Teil, und ich. Dann ist jeder für seine Sachen zuständig und ich habe nicht das Gefühl, dafür verantwortlich zu sein.« Ihr Mann war zwar nicht gleich begeistert, ließ sich aber auf den Deal ein. Nach ein paar Monaten merkten beide, wie sich die angespannte Situation zu Hause verbesserte. Nur deswegen, weil Sabine nicht ihren Gefühlen nachgegeben, sondern in ihrem Herzen nach einer Veränderung gesucht hat.

Betreten verboten

Sei streng, wenn es darum geht, wen oder was du in dein Herz lässt. Neid hat da nichts zu suchen. Eifersucht auch nicht, und schon gar nicht Selbstmitleid. Das sind Gefühle, die machen es sich in deinem

Herzen so richtig gemütlich. Sie lassen dich glauben, dass die andere es besser hat. Was hat deine Situation mit der einer anderen Person zu tun? Gar nichts. Konzentriere dich auf dich. Es geht um dich und um dein Leben. Du bist einzigartig und wundervoll geschaffen.

»Ja, weiß ich in der Theorie, aber es fühlt sich nicht so an.« Genau darum geht es. Wie sich etwas anfühlt, kannst du mit deinen Gedanken verändern. Deine Situation ist momentan schwierig? Das kann ich verstehen, ich hatte auch schon schwierige Situationen. Hatten wir alle. Und werden wir auch immer wieder haben. Du hast weniger als die anderen? Bestimmt, aber es gibt immer Menschen, die haben noch weniger als du. Schon mal darüber nachgedacht? Lass negative Gefühle nicht die Überhand in deinem Herzen gewinnen. Stell dich wie ein Bodyguard mit verschränkten Armen vor dein Herz. Achte sorgfältig darauf, wer auf deine Party will. Gesichtskontrolle reicht nicht. Diese miesen Gefühle tarnen sich oft als deine Freunde und schmeicheln dir. Sie reden dir ein, dass du dich besser fühlst, wenn du sie einlässt. Und überhaupt, ist die Welt doch ungerecht. Am meisten zu dir! Und schon haben sie sich durch einen Türspalt in dein Herz gemogelt. Da pöbeln sie jetzt rum, verderben dir die Stimmung, hetzen dich auf und lügen dir das Blaue vom Himmel runter. Und du wunderst dich, warum du dich schlecht fühlst.

Schmeiß sie raus aus deinem Herzen. Das macht kein anderer für dich. Du bist der Hausherr, also pack sie am Kragen, und ab auf die Straße mit ihnen. Einen schönen Gruß von uns: Die brauchen gar nicht wiederkommen.

> Konzentriere dich auf dich.
> Es geht um dich und um dein
> Leben. Du bist einzigartig
> und wundervoll geschaffen.

Von Gedanken zum Schicksal

»Hört sich gut an, aber wie mach ich das jetzt ganz praktisch?«, fragst du dich gerade.

Mit deinem Denken.

Wie unser Leben ist, ist zu großen Teilen das Produkt unserer eigenen Gedanken. So wie du von dir denkst, so bist du und so verhältst du dich. Wenn du selber denkst, dass du ein ängstlicher Mensch bist, dann verhältst du dich ängstlich. Wenn du glaubst, dass du nicht sportlich bist, dann wirst du es nicht. Wenn du meinst, dass andere alles besser können, dann können sie es besser. Wenn du denkst, du bist arm dran, bist du es. Deine Meinung von dir selber beeinflusst dein Handeln und wird Teil deines Charakters.

Hinzu kommen dann noch die Gedanken, die du denkst, die andere über dich haben. Jetzt wird es etwas kompliziert. Wenn du also denkst, dass andere dich nicht für fähig halten eine bestimmte Aufgabe zu bewältigen, glaubst du das selbst. Egal ob die Person das tatsächlich gedacht hat oder nicht. Das ist krass, oder?

Unterschätze nicht die Macht deiner Gedanken, sie sind oft der erste Weg zu einer Veränderung in deinem Leben.

Achte auf Deine Gedanken, denn sie werden Worte.
Achte auf Deine Worte, denn sie werden Handlungen.
Achte auf Deine Handlungen, denn sie werden Gewohnheiten.
Achte auf Deine Gewohnheiten, denn sie werden Dein Charakter.
Achte auf Deinen Charakter, denn er wird Dein Schicksal.
Aus dem Talmud

Das steht dir nicht

Claudia erzählte auf einem Frauenfrühstück von einem Kleid, das sie sich im Urlaub gekauft hatte. Es war sehr außergewöhnlich, aber sie verliebte sich sofort in den Stoff, das Muster und den Schnitt. Es stand ihr ausgezeichnet, als wäre es für sie geschneidert worden. Zu Hause angekommen, zog sie es bei nächster Gelegenheit an. Eine Bekannte kam auf sie zu und fragte, woher sie dieses Kleid denn habe, es betone ihre breiten Hüften und sehe nicht wirklich vorteilhaft an ihr aus. Claudia war entsetzt. Sie zog das Kleid nie wieder an. Nach ein paar Jahren fragte ihr Mann sie nach dem Kleid, das sie damals im Urlaub gekauft hatte. Sie erklärte ihm, dass es ihr doch nicht so gut stehen würde und sie es deshalb nicht mehr anziehen mochte. »Was für ein Blödsinn, du siehst supersexy in dem Kleid aus.« Du kannst dir denken, was dann passierte.

Gedankenaustausch

Was für Gedanken über dich lässt du zu? Glaubst du deiner eigenen Kritik? Glaubst du das, was andere über dich sagen? Oder das, was du meinst, das andere über dich denken? Oder glaubst du, was Gott über dich sagt? Und vertraust auch deiner eigenen Wahrnehmung, die Gott in dich hineinlegt.

> Wie kostbar sind deine Gedanken über mich.
> *Psalm 139,17*

Gott hat gute Gedanken über dich, egal wie du dich selber fühlst. Du bist Gottes genialer Plan für diese Welt. Lass nicht zu, dass Negatives deine Gedankenwelt bestimmt.

»Aber, wenn du wüsstest, was mein Problem ist«, denkst du jetzt.

Vielleicht hast du mit Dingen zu kämpfen, an denen du immer wieder scheiterst. Das kann dein Gewicht sein oder dein Essverhalten. Du merkst, dass du immer wieder in alte Verhaltensweisen rutschst, und schon schleicht sich bei dir der Gedanke ein, was du doch für eine Versagerin bist. Oder du hattest dir vorgenommen, anderen viel freundlicher zu begegnen, und merkst, wie du doch oft genervt bist und dich im Ton vergreifst. Du wolltest ehrlicher werden, ordentlicher, liebevoller, gütiger, barmherziger, demütiger und fleißiger. Und

> Lass dir von Gott heute sagen, dass er wundervolle und kostbare Gedanken über dich hat.

merkst, wie schwierig es ist, dem eigenen Anspruch an Perfektion gerecht zu werden. Lass dir von Gott heute sagen, dass er wundervolle und kostbare Gedanken über dich hat. Du bist geliebt und darfst dich mit allem, was dich bewegt, an ihn wenden. Er kennt dich, kennt auch deine Schwäche und er möchte dir liebevoll helfen. Ohne Druck, ohne erhobenen Zeigefinger, aber mit einem weiten Herz.

> Lasst euch nicht durch irgendwelche Gedankengebäude und hochtrabenden Unsinn verwirren, die nicht von Christus kommen! Sie beruhen nur auf menschlichem Denken und entspringen den bösen Mächten dieser Welt.
> *Kolosser 2,8*

Gott traut dir viel mehr zu, als du dir zutrauen würdest. Er glaubt an dich, an deine Gaben, deine Talente, an dein Vorhaben. Tausche deine

Gedanken gegen die Gedanken Gottes ein, und du wirst erleben, wie deine Seele zur Ruhe kommt.

Negatives Gerede

Das kennen wir alle. Egal ob zu zweit oder in einer Gruppe: Plötzlich geht es um jemand anderen, in dessen Abwesenheit wird geredet, getratscht und gelästert. Um dazuzugehören, reden wir mit. Haben auch noch etwas beizutragen, was das Gespräch noch interessanter macht und die Person in einem noch schlechteren Licht dastehen lässt. Wir versuchen das Ganze vielleicht noch ein wenig zu verharmlosen, indem wir unserer christlichen Nächstenliebe nachgehen, weil wir ja eigentlich der Person helfen wollen, ein besserer Mensch zu werden. Klar. Im Zusammensein mit anderen Menschen ist es nur natürlich, dass auch über andere geredet wird. Das ist ziemlich normal. Manchmal hilft es auch, sich über jemand auszutauschen, gerade dann, wenn die Person einen unmittelbaren Einfluss auf die eigene Seele hat. Negatives Gerede hingegen vergiftet deine Seele. Gerade unsere Zunge kann so viel Schaden im Herzen verursachen, in deinem und im Herzen deines Nächsten. Achte darauf, dass nicht du derjenige bist, von dem Negatives ausgeht, aber achte genauso gut darauf, was du dir anhörst.

> Gerade unsere Zunge kann so viel Schaden im Herzen verursachen, in deinem und im Herzen deines Nächsten.

> So kann auch die Zunge, so klein sie auch ist, enormen Schaden anrichten.
> *Jakobus 3,5*

Du musst nicht jedem negativen Gerede zuhören, das macht etwas mit deinem Herzen. Es bildet sich eine Meinung und wertet. Es grübelt und verarbeitet. Und es wird sich nie sicher sein, ob du nicht die Nächste bist, über die geredet wird.

Künstlicher Schmerz

Ich habe so eine seltsame Macke, über die viele schmunzeln und den Kopf schütteln. Ich lese selten Bücher ohne Happy End und schaue auch weitgehend keine Filme an, die traurig enden. Mit Bücherlesen verbringe ich viel meiner freien Zeit. Lese ich Romane, sind diese meistens fiktiv, also keine wahren Begebenheiten. Es sind vom Autor frei erfundene Erzählungen, die mir einen entspannten Zeitvertreib bieten. Warum nur mit Happy End? In meinem realen Leben voller Höhen und Tiefen habe ich selbst schon so oft traurige Situationen erlebt, warum bitteschön sollte ich mein Herz da noch mit künstlicher Tragik beschweren? Warum bitterlich weinen müssen, weil der Hauptdarsteller stirbt, weil die Freundschaft auseinanderbricht oder der Krieg verloren wird? Ich werde nie vergessen, wie ich Mitte der 90er-Jahre am Ende des Films »Sommersby« in Tränen aufgelöst vor dem Fernseher geschluchzt habe und den festen Entschluss gefasst habe, keine Filme mehr ohne Happy End anzuschauen. Nicht immer kann ich das vermeiden, da ich ja nicht immer das Ende kenne. Aber zumindest bei Büchern lese ich immer erst den Schluss. Sicher ist sicher. Das nimmt mir die Spannung, ist manchmal auch echt blöd, aber besser, als am Schluss zu heulen.

Seichte Unterhaltung

Wusstest du, dass eine latente Unzufriedenheit im Leben oft daher rührt, dass wir zu viele Soap Operas anschauen oder Liebesromane lesen? Der Grund: Wir stellen fest, dass das eigene Leben so viel langweiliger ist als das der Hauptdarsteller. Happy End hin oder her. Männer sind in Romanen immer attraktiv, zuvorkommend, heldenhaft und charmant. Frauen sehen immer überdurchschnittlich gut aus, tragen Größe 36, sind erfolgreich und wollen immer Sex.

Und wir denken, so müsste das Leben sein. Also, das denken wir natürlich nicht in echt. In echt wissen wir, dass das ja nur Geschichten sind, um uns zu unterhalten, aber unser Herz sehnt sich nach dieser schönen, heilen Welt. Da sitzt du dann vor dem Fernseher, neben deinem Mann, starrst auf den Bildschirm und deine Seele sehnt sich danach, dass er auch so sei wie der Typ da auf dem Bildschirm. Und deine Frau, die knabbernd mit der Chipstüte in der Hand neben dir liegt, könnte ja auch mal wieder ein paar Pfund abnehmen und nicht so viel meckern.

Versteh mich jetzt nicht falsch, das heißt nicht, dass du keine Filme mehr anschauen oder Bücher lesen sollst. Das gehört zur Freizeitbeschäftigung, zum Runterkommen, zum Entspannen. Aber wenn es immer nur die seichte Unterhaltung ist, von der du dich tagein, tagaus berieseln lässt, dann schleicht sich da ein Idealbild in dein Unterbewusstsein, das es im realen Leben nicht gibt. Dann wundere dich nicht über deine Unzufriedenheit.

Social Media

Genauso verhält es sich mit dem ganzen virtuellen Austausch in Communitys. Wie viel Zeit verbringst du mit Social Media? Im Zeitalter von Smartphones ist es ein Knopfdruck, und schon scrollen wir bei Facebook, Instagram, Twitter, Pinterest, YouTube in Foren und Co. rauf und runter, lesen hier und da, was der und die, dort und woanders, jetzt oder irgendwann gemacht haben. Klicken auf »Gefällt mir«, suchen nach Freunden, finden welche, oder auch nicht. Schauen uns gepostete Videos mit Tausenden von *likes* an und vergessen dabei die Zeit. Minuten werden zu Stunden, und alles, was wir gemacht haben, ist Zeit verplempert und unsere Seele mit Müll beladen. Was dabei draufgeht: echte Freundschaften.

Investiere deine Zeit lieber in echte Freundschaften. Ruf mal wieder eine Freundin an. Lass dein Handy ausgeschaltet, während ihr als Familie am Tisch sitzt. Du weißt, was wir meinen. Einfach mal wieder reflektieren und das letzte Kapitel noch mal lesen.

> Investiere deine Zeit lieber in echte Freundschaften.

Pornografie

Ein Tabuthema. Etwas, worüber wir nicht sprechen, denn das geht uns ja auch wirklich nichts an. Uns nicht, aber dich. Dabei geht es gar nicht nur um irgendwelche Bilder oder Videos, die wir heute mal eben per Mausklick am Rechner oder im Smartphone anschauen können. Wobei, darum geht es auch. Aber wie sieht es mit der schleichenden Hemmungslosigkeit in unserem Land aus? Bücher wie »Shades of Grey« haben Pornografie gesellschaftsfähig gemacht. Und Gewalt gegenüber Frauen scheinbar legalisiert.

In unserer Gemeinde treffen wir uns einmal wöchentlich zum Trampolinschwingen mit anschließender Gesprächsrunde. Wir, das sind ein paar Frauen aus unserer Gemeinde und immer mal wieder Besucherinnen, die Lust und Zeit haben, in Bewegung und ins Gespräch zu kommen. Vor ein paar Jahren gehörte Anke zu unseren regelmäßigen Besucherinnen. An einem Abend erzählte sie von einem Buch, das sie gerade lese und von dem sie so begeistert sei. Auf meine Frage, was das denn für ein Buch sei, schüttelte sie den Kopf und meinte, für mich sei das nichts. Neugierig geworden, fragte ich nach und sie erklärte, dass es in dem Roman um Sadomaso gehe. Ich sah sie völlig entgeistert an, hielt aber aus Taktgefühl meinen Mund und vergaß die Begebenheit.

Ein Jahr später legte ich mir einen E-Book-Reader zu und wollte mir einen guten Roman runterladen. Ich fragte bei einer Freundin nach, ob sie mir etwas empfehlen könne. Erst etwas zurückhaltend schwärmte sie von einem Dreiteiler, den sie gerade lese und der sehr spannend sei. »Es ist die Romanreihe, die Anke damals gelesen hat«, verriet sie mir. Ich traute meinen Ohren nicht, war etwas entrüstet, aber doch neugierig geworden. Meine Freundin erzählte mir, wie gut das Buch geschrieben sei und dass es vor allen Dingen darum gehe, dass die Protagonistin den Protagonisten von seinen Neigungen abbringt und mit ihm am Ende ein glückliches Leben führt. Happy End also. Ziemlich skeptisch, wägte ich das Für und Wider ab und lud das Buch runter. »Scheint doch harmlos zu sein!«, dachte ich. Schon beim ersten Viertel des Buches kam ich aus dem Staunen nicht mehr heraus. Das, was ich da las, war reine Pornografie in Romanform. Ästhetisch formuliert, aber dennoch nichts anderes als ein Porno. Von meinem Gewissen hin- und hergerissen, wollte ich das Buch sofort löschen. Aber einmal runtergeladen, war es auf meinem E-Book-Reader, und ich war neugierig geworden, wie die Geschichte weitergeht.

Und dann geschah etwas, was mir klarmachte, dass solche Bücher meiner Seele nicht guttun. Meine damals 11-jährige Tochter kam ins Wohnzimmer und ich klappte den Deckel zu, damit sie nicht sehen konnte, was ich gerade las. Der zweite Gedanke, den ich hatte, war die Frage: »Was würde wohl mein Mann sagen, wenn der wüsste, was ich lese?« Ganz zu schweigen von der Frage, was würde Gott wohl denken? Und der wusste das. Ich beschloss auf der Stelle, das Buch zu löschen.

Völlig legale Pornografie in Schwarz-Weiß, die in deinem Kopf aber farbig wird. Und dazu gibt's jetzt sogar noch den Film, auch in Farbe. Als ich mich mit einer Bekannten darüber unterhielt, erzählte sie mir, sie habe den Film auch gesehen. Sie wolle ja auch wissen, worum es gehe, um mitreden zu können. Solche Bücher liegen auf den Nachttischen unserer Teenagermädchen, und unserer Mütter, und vielleicht auch bei dir. Und wir wundern uns über verkorkste Beziehungen und Depressionen. Pornografie macht etwas mit deiner Seele. Sie schließt diese Bilder ein, bewahrt sie gut auf und holt sie bei jeder sich bietenden Gelegenheit hervor.

Sorgen im Herzen

Bist du auch ein Meister im Sorgenmachen? Du sorgst dich um deine Finanzen, um die schulischen Leistungen deiner Kinder, um deine Gesundheit, deinen Arbeitsplatz, deine Freunde, deine Zukunft. Darüber, ob das Mittagessen schmeckt, ob zu Weihnachten Schnee fällt und ob im Urlaub die Sonne scheint. Um alles und nichts können wir uns Sorgen machen, oder es sein lassen. Manche Sorgen sind berechtigt, die meisten nicht. Ob Sorge oder nicht, wir ändern damit die Situation nicht. Sorgen haben immer etwas mit »Nichtloslassenkönnen« zu tun. Wenn du an einer Sache festhältst, nicht in der Lage bist, sie loszulassen, dann nehmen die Sorgen zu. Und jetzt verrate mir doch einmal, ob irgendetwas an deinen Sorgen dazu geführt hat, dass sich deine Finanzen verbessert oder deine Kinder bessere Noten mit nach Hause gebracht haben? Haben sie dich vor Krankheiten bewahrt, deinen Arbeitsplatz gesichert, dir Freundschaften gebracht, deine Zukunft verbessert? Hat das Mittagessen besser geschmeckt und fiel tatsächlich zu Weihnachten Schnee und im Urlaub schien die Sonne? Mit Sorgen verändern wir nichts, höchstens unsere Stimmung.

In Matthäus 6,27 fragt uns Jesus: »Können all eure Sorgen euer Leben auch nur um einen einzigen Augenblick verlängern?« Und seine Antwort gleich darauf lautet: »Nein!« Jesus selbst sagt dir, dass es nicht nötig ist, sich Sorgen zu machen, also lass es.

Leichter gesagt als getan, das wissen wir. Ist ja nicht so, als wenn Beate und ich uns nie Sorgen machen. Unser Leben steckt auch voller Herausforderungen. Aber wir lernen jeden Tag, Gott ein bisschen mehr von dem abzugeben, was wir sowieso nicht ändern können. Du erinnerst dich: »Gott sitzt immer noch auf dem Thron, er hat alles unter Kontrolle.«

Das Experiment

Dabei sind es nicht immer die großen Dinge, die uns das Leben so schwer machen. Oft reichen Kleinigkeiten, die uns die Freude rauben. Nimm dir einmal ein Glas zur Hand und fülle es zur Hälfte mit Wasser. Nicht später, tu es jetzt.

Was meinst du, wie viel Gewicht hat dieses Wasserglas? Vielleicht 250 Gramm. Halte es eine Weile vor dich hin, das Gewicht wird sich nicht verändern. Jetzt strecke deinen Arm aus, während du das Wasserglas noch immer in deiner Hand hältst. Wie schwer fühlt es sich für dich nach fünf Minuten an? Wie schwer würde es sich nach einer Stunde anfühlen, nach einem Tag? Je länger du das Glas in der Hand hältst, umso schwerer kommt es dir vor. Nach einer Weile kannst du an gar nichts anderes mehr denken. Du bist wie gelähmt, deine ganze Konzentration liegt nur auf diesem Wasserglas. Obwohl sich das Gewicht des Glases nicht verändert hat, fühlt es sich für dich an wie Blei, viel schwerer, als es eigentlich ist. Es sind nur 250 Gramm, aber du hast das Gefühl, es wären Tonnen.

Du darfst es wieder abstellen.

So ist es mit den Sorgen. Auch wenn es nur Kleinigkeiten sind, um die wir uns ständig Gedanken machen, sie summieren sich, und je länger wir daran festhalten, umso schwerer fühlen sie sich an.

> Auch wenn es nur Kleinigkeiten sind, um die wir uns ständig Gedanken machen, sie summieren sich, und je länger wir daran festhalten, umso schwerer fühlen sie sich an.

Mental Witwe

Kurz nachdem ich verheiratet war, kam mein Mann an einem Abend nicht zur gewohnten Zeit nach Hause. Ich wusste, dass er bis 17.00 Uhr arbeitet, normalerweise aßen wir spätestens um 18.00 Uhr gemeinsam zu Abend. An diesem Tag kam er nicht. Ich wusste von keinem Termin, den er hatte, auch nicht von irgendwelchen Überstunden. Ich rief bei ihm im Betrieb an, dort sagte mir der Chef, er sei pünktlich nach der Arbeit gegangen. Ich wartete. Mittlerweile machten sich die Sorgen in mir breit. Was, wenn ihm etwas passiert ist? Es wurde später, von meinem Mann weit und breit nichts zu sehen. Damals gab es noch keine

Handys, auf denen man per Whatsapp mal eben nachfragen kann, ob alles okay sei. Ich wartete weiter, was sollte ich auch tun? Der Abend brach an, mittlerweile spürte ich die Panik in mir aufsteigen. Ich sah mich bereits als junge Witwe am Grab meines Mannes weinen. Dann plötzlich kam mir ein anderer Gedanke. Bevor mein Mann zum Glauben fand, nahm er Drogen. Was, wenn er alte Freunde getroffen und wieder Drogen genommen hatte? Was, wenn er wieder in sein altes Leben zurückfällt?

Den ganzen Abend lag ich schluchzend auf meinem Bett, völlig unfähig irgendetwas zu unternehmen. Irgendwann nach 22.00 Uhr hörte ich den Schlüssel in der Tür und mein Mann stand vor mir. Lebendig und ohne Drogenkonsum. Er sei nach der Arbeit noch ins Kino gegangen, toller Film. Ich war völlig fassungslos. All meine Sorgen waren völlig unbegründet.

Das Glas fiel mir aus der Hand, aber die Glassplitter trafen mein Herz. Je öfter du solche Situationen erlebst, umso mehr Splitter bleiben in deinem Herz hängen und machen dich noch sensibler für Sorgen.

Falls du dich fragst, wie die Geschichte ausging: Ja, mein Mann bekam richtig Ärger mit mir und weiß seitdem, dass man Bescheid sagt, wenn man nach der Arbeit Lust hat, ins Kino zu gehen.

Überlasst all eure Sorgen Gott, denn er sorgt sich um alles, was euch betrifft!
1. Petrus 5,7

Gott sagt dir, dass du alle Sorge auf ihn werfen darfst, er sorgt für dich. Mach dir bewusst, dass du mit Sorgen nichts in deinem Leben änderst. Vertrau Gott, dass er alles in deinem Leben in seiner Hand hält. Wir Frauen neigen dazu, die Dinge lieber selbst in der Hand zu haben. Die Kontrolle nicht abzugeben. Eva hat es uns vorgemacht.

Sie hat die Frucht genommen, mit der Frage im Herzen: »Sollte Gott gesagt haben?« Sie wollte die Dinge lieber selber in die Hand nehmen.

Stell dein Glas am Kreuz ab. Wenn du dich sorgst, übernimmst du den Job Gottes.

Wenn das Glas doch schwerer ist

Wir sind fast am Ende dieses Buches angelangt. Du hast viel über uns erfahren und bei der ein oder anderen Geschichte sicherlich auch über dich selbst. Wir kennen dich und deine Situation nicht, aber was, wenn das Glas in deiner Hand nicht nur 250 g wiegt, sondern zentnerschwer ist? Es gibt Schicksale im Leben, die reißen uns so sehr den Boden unter den Füßen weg, und wir haben nicht mehr das Gefühl zu leben, sondern nur noch zu überleben.

Während wir dieses Buch schreiben, war ich auf der Beerdigung des besten Freundes eines meiner Söhne. Er verstarb an den Folgen von Hodenkrebs im Alter von 25 Jahren. Gabi hat zwei Kinder, von denen eines eine extreme Neurose hat. Das Zusammenleben ist so schwierig. Daniela leidet unter einer schweren Wechseljahrsdepression mit unerträglichen Rückenschmerzen, der Mann von Petra ist seit zwei Jahren arbeitslos und sitzt den ganzen Tag zu Hause vor dem Fernseher. In welchen Herausforderungen steckst du? Und weißt du, warum gerade dir so etwas passiert?

Diese Frage stellten wir uns nach dem Tod unseres Sohnes damals auch. Unsere Welt war zusammengebrochen und wir wussten nicht, wie der Weg für uns weitergehen sollte. Relativ bald entschieden wir uns dafür, nochmals ein Kind zu bekommen. Nicht als Ersatz für Julian. Ein Kind kann das andere nicht ersetzen. Aber mein Mann hatte immer dieses Bild von sechs Personen am Tisch, und wir konnten unsere Plätze nicht mehr finden. Die Schwangerschaft war eine große Herausforderung für uns. Würde ich dieses Kind gesund zur Welt bringen? Wir mussten diese Sorge täglich bei Jesus ablegen. Selbst nach vier Jungs war uns das Geschlecht des Kindes unwichtig, wir wollten es gar nicht wissen. Hauptsache gesund.

Eine Frau aus unserer Gemeinde hatte während meiner dritten Schwangerschaft ein »Bild« von Gott für uns, dass ich ein kleines dunkelhaariges Mädchen im Arm halte. Kurze Zeit später erkannte man im Ultraschall, dass wir einen Sohn bekommen werden.

Auch während der Geburt meines letzten Kindes war mir das Geschlecht des Kindes nicht wichtig. Nur als dann die Hebamme irgendwann zu mir sagte: »Sie haben es gleich geschafft, ich sehe das Köpfchen, das Kind hat ganz dunkle Haare«, erinnerte ich mich an dieses Bild. Da wusste ich, dass es ein Mädchen wird.

Heute ist sie blond, aber bei der Geburt hatte unsere Tochter den Kopf voller dunkler Haare. Mit ihr konnten wir wieder beginnen an Wunder zu glauben.

Sie hat uns unseren Sohn nicht ersetzt, wir wären ja eigentlich sieben Personen am Tisch. Aber sie hat unsere Welt wieder ein bisschen heller gemacht. Heute ist sie 15 Jahre und eine ganz besondere Persönlichkeit. Sie erzählt in ihrem Freundeskreis von der Liebe Jesu und hat viele ihrer Freundinnen schon zum Glauben geführt. Sie hat eine außerordentlich schöne Stimme, kann gut reden und ist sehr selbstbewusst. Unser Ältester sagte einmal: »Mama, ich glaube Joana wird mal eine ganz Große. Sie wird auf Konferenzen predigen.« Und in mir wuchs der Gedanke, dass das ihr Zeugnis sein wird. Sie wird irgendwann einmal sagen: »Wären meine Eltern damals nicht durch so viel Leid gegangen, dann würde es mich nicht geben.«

Wir hätten unseren Sohn nicht für sie hergegeben, aber wir sind dankbar, dass Gott uns diese Tochter geschenkt hat.

Wer weiß, aus welchem Grund du in deiner Situation steckst? Wer weiß, was Gott mit deinem Leben noch vorhat. Wer weiß, wem du in einer ähnlich schwierigen Situation helfen wirst.

Wenn du denkst, dass dein Leben zerbricht, schreibt Gott deine Geschichte neu. Nur zulassen musst du es selbst. Bleibe offen für das, was Gott mit deinem Leben vorhat, und lass Platz in deinem Herzen, damit er darin wohnen kann.

> Wenn du denkst, dass dein Leben zerbricht, schreibt Gott deine Geschichte neu.

Lass Platz in deinem Herzen

Stell dir vor, du bist zu einem Sechs-Gänge-Menü in einem sehr feinen Restaurant eingeladen. Deine Gastgeber erwarten dich um 19.00 Uhr. Den ganzen Tag freust du dich auf den Abend, wählst deine Kleidung mit besonderer Sorgfalt aus und gibst dir große Mühe mit deinem Make-up und deinen Haaren. Es soll für dich ein unvergesslicher Abend werden. Du fährst sehr pünktlich los und merkst schon, wie dein Magen sich zusammenzieht, weil du langsam Hunger bekommst. Weil du es nicht aushalten kannst, hältst du bei einem Fast-Food-Restaurant an, bestellst dir einen riesigen Burger, dazu eine große Portion Pommes mit Mayonnaise, eine Cola in XXL und zum Nachtisch gönnst du dir noch ein Eis. Auf der Fahrt zum Restaurant hältst du noch einmal an der Tankstelle an und kaufst dir zwei Schokoriegel und eine Brezel, die du im Auto gleich aufisst. Eine Stunde nachdem du zu Hause aufgebrochen bist, kommst du im Restaurant an. Deine Gastgeber freuen sich schon auf dich und bitten dich Platz zu nehmen. Der Aperitif wird serviert und der Kellner bringt das Amuse-Bouche.

Wie groß wird wohl dein Appetit sein? Wie viel Lust hast du, jetzt noch zu essen? Es könnten die herrlichsten Speisen vor dir stehen, die köstlichsten Delikatessen, du würdest keinen Bissen herunterbekommen. Warum? Weil du dich vorher mit Fast Food vollgestopft hast.

Der Schlüssel in unserer Hand

Unser Herz, also unser Denken, ist ein Schlüssel in unserer Hand, welche Richtung wir unserem Leben geben. Es liegt an uns, wie wir unser Denken steuern.

Das, was wir lesen, anschauen, reden und denken, hat Auswirkungen auf unser Verhalten.

Wenn du dein Herz mit minderwertigen Dingen zugemüllt hast, dann ist dein Appetit verdorben. Dann hast du auf die wirklich wichtigen Dinge keine Lust mehr, dann kann auch Gott noch so sehr an deine Herzenstür klopfen, es ist einfach kein Platz mehr drin, weil du vollgefressen bist.

Diese geistliche Wahrheit wirst du immer wieder in deinem Leben erfahren.

Achte darauf, mit was du dein Herz füllst.

> Das, was wir lesen, anschauen, reden und denken, hat Auswirkungen auf unser Verhalten.

Ein Indianerhäuptling erzählt seinem Sohn folgende Geschichte. »Mein Sohn, in jedem Herz tobt ein Kampf zwischen zwei Wölfen. Der eine Wolf ist böse.
Er kämpft mit Ärger, Neid, Eifersucht, Sorgen, Gier, Arroganz, Selbstmitleid, Lügen, Überheblichkeit, Egoismus und Missgunst.
Der andere Wolf ist gut.

Er kämpft mit Liebe, Freude, Frieden, Hoffnung, Gelassenheit, Güte, Mitgefühl, Großzügigkeit, Dankbarkeit, Vertrauen und Wahrheit.«

Der Sohn fragt: »Und welcher der beiden Wölfe gewinnt?«

Der Häuptling antwortet ihm: »Der, den du fütterst.«

Verfasser unbekannt

Wen fütterst du?

Vor allem behüte dein Herz, denn dein Herz beeinflusst dein ganzes Leben.

Sprüche 4,23

HAPPY END

Beate schreibt in der Einleitung: »Gott möchte, dass deine Geschichte gut ausgeht.«

Ich liebe Bücher mit Happy End. Wie könnte es also anders sein, als dass dieses Buch ein Happy End hat.

Unser Wunsch ist, dass du mit deinem eigenen Körper versöhnt bist. Dass du in den Spiegel schaust und ein »Ja« zu dir hast. Dass du dir bewusst bist, wie wundervoll du mit deiner ganz ureigenen DNA geschaffen wurdest. Wir hoffen, dass wir dich ermutigen konnten, deinem Körper das Beste zu geben, was dir möglich ist. Es liegt in deiner Verantwortung, wie du diesen, dir von Gott geschenkten Körper behandelst. Richte einen liebevollen Blick auf dich selbst und beginne, dir selber Gutes zu tun.

Unser Wunsch ist, dass du deine Bestimmung erkennst und die Suche nach dem Sinn deines Lebens beendest. Dass du dein wahres Ich findest, das Gemeinschaft mit Gott haben will. Dass du dich auf eine Beziehung mit Jesus einlässt, der in deinem Herzen regieren will. Wir hoffen, dass wir dir genügend Material mit an die Hand gegeben haben, wie du diese Beziehung zu Gott vertiefen kannst.

Unser Wunsch ist es, dass du auf deine Seele aufpasst. Dass du achtgibst, was du in dein Herz hineinlässt, aber auch bereit bist, Heilung für deine Verletzungen zu erfahren. Wir beten, dass deine zerbrochenen Beziehungen geheilt werden, dass du vergibst und Vergebung annehmen kannst.

Und jetzt Achtung:

Das Happy End liegt in deiner Hand. Du hast die Wahl.

Wir hoffen, dir ein bisschen dabei geholfen zu haben.

Beate & Heike

ANMERKUNGEN

1   www.seinetoechter.de (Zuletzt geladen am 15.08.2016)

2   Für diejenigen, die uns und das Programm *Lebe leichter* noch nicht
      kennen, hier eine kurze Einführung: Wir haben gemeinsam die
      Marke *Lebe leichter* gegründet und feilen seit 2011 an der Weiterent-
      wicklung des Ernährungskonzepts *Lebe leichter*. Dazu haben wir bis-
      her drei Bücher geschrieben, die wir in diesem Buch auch immer
      wieder erwähnen. Das Buch »Genial normal zum Wunschgewicht«
      ist das Grundbuch, mit dem wir auch in unseren Kursen arbeiten.
      In den Büchern stellen wir das Konzept vor, zu dem es bereits über-
      all in Deutschland Kurse gibt (auch in der Schweiz und Österreich).
      Dafür bilden wir Lebe-leichter-Coaches aus, die selber Kurse in ihrer
      Umgebung anbieten. Bei *Lebe leichter* geht es nicht nur ums körper-
      liche Leichterwerden. Wir glauben, dass eine Veränderung ganzheit-
      lich sein muss. Also »Body, Spirit, Soul«. Darum haben wir dieses
      Buch geschrieben. Es bildet quasi den Hintergrund zu unseren
      anderen Büchern und erklärt nochmals das Zusammenspiel dieser
      drei Aspekte. Wer mehr wissen möchte, kann sich im Internet unter
      www.lebe-leichter.com informieren.

3   Diese Geschichte ist von Gaby Wentland und gibt es auch als wun-
      derschönes Bilderbuch. Gaby Wentland: Du bist meine Prinzessin,
      Stilbude, 2012.

4   Den Blog von Beate Nordstrand findet man unter:
      www.lebe-leichter.org (Zuletzt geladen: 15.08.2016)

5   Den Blog von Heike Malisic findet man unter:
      www.lebeleichter.blogspot.de (Zuletzt geladen: 15.08.2016)

6   Die Geschichte von David und Goliat findest du zum Nachlesen in
      der Bibel in 1. Samuel 17 und auch Heike erzählt sie auf Seite 171 f.
      nochmals nach.

7   In der Bibel kannst du die Geschichte in Markus 10,46-52 nach-
      lesen.

8   Dieser Text wurde bereits veröffentlicht in Heike Malisic: Leben mit
      allen Sinnen, R. Brockhaus, Witten, 2009.

Lebe leichter ernährt durch das christliche Hilfswerk JAM Deutschland e. V. 165 Schüler und Schülerinnen in der Cakuti-Schule im ländlichen Bocoio, Angola, und sorgt dafür, dass jedes Kind an jedem Schultag eine Schale des nährstoffreichen Mais-Soja-Breis erhält.

Dieser Brei, angereichert mit Vitaminen und Mineralstoffen, deckt 75 Prozent des täglichen Nährstoffbedarfs. Der allgemeine Gesundheitszustand, die Konzentration, Aufnahmefähigkeit sowie die Lernbereitschaft der Schülerinnen und Schüler wird durch diese Schulspeisung deutlich erhöht. Für viele Kinder ist die konstante Nahrungsversorgung Ansporn, die Schule regelmäßig zu besuchen.

Das Cakuti-Schulgebäude besteht aus Lehmziegeln, ist ohne Boden und mit einem Wellblechdach versehen. Die drei vorhandenen Klassenzimmer haben weder Türen noch Fenster.

Täglich werden dort Schülerinnen und Schüler der Klassen 1–6 unterrichtet. Eingeteilt in zwei Schichten, erhalten morgens die Klassen 1–3 und nachmittags die Klassen 4–6 Unterricht. Aufgrund des bestehenden Lehrermangels werden manche Klassen zusammen unterrichtet.

Durch eine symbolische Ernährungs-Patenschaft kann JAM mit nur 48 Euro ein Kind ein Jahr lang an der Cakuti-Grundschule Nahrung und Bildung ermöglichen.

REGELMÄSSIG ODER EINMALIG – JEDE SPENDE HILFT!

JAM Deutschland e. V.
Verwendungszweck: »Ernährungsprogramm Lebe leichter«
IBAN: DE52 6005 0101 0001 1332 44
BIC-/SWIFT-Code: SOLADEST600
BW-Bank Stuttgart

JAM
HELPING AFRICA HELP ITSELF

Mehr Informationen finden Sie auf der Homepage:
www.jam-deutschland.org

Werden Sie unser Freund auf Facebook:
www.facebook.com/JAMDeutschland